"南粤品质工程"理念与实践系列丛书

安全篇

广东省南粤交通投资建设有限公司 ⊙ 主编

人民交通出版社股份有限公司
China Communications Press Co., Ltd.

内 容 提 要

本册为《"南粤品质工程"理念与实践系列丛书》的安全篇,主要介绍广东省南粤交通投资建设有限公司安全管理体系、建设期安全保障措施、营运期安全保障措施,以及在"平安工地""平安公路"建设方面的亮点特色,系统阐述了省南粤交通公司对交通运输部"品质工程"安全方面的理解、落实和超越。

本书可供专业技术人员和管理人员参考。

图书在版编目(CIP)数据

"南粤品质工程"理念与实践系列丛书. 安全篇 / 广东省南粤交通投资建设有限公司主编. — 北京:人民交通出版社股份有限公司, 2019.11
ISBN 978-7-114-16032-5

Ⅰ.①南… Ⅱ.①广… Ⅲ.①道路工程—道路建设—研究—广东 Ⅳ.①U41

中国版本图书馆 CIP 数据核字(2019)第 253626 号

Nanyue Pinzhi Gongcheng Linian yu Shijian Xilie Congshu Anquan Pian

书　　名:	"南粤品质工程"理念与实践系列丛书　安全篇
著 作 者:	广东省南粤交通投资建设有限公司
责任编辑:	韩亚楠　郭红蕊
责任校对:	孙国靖　魏佳宁
责任印制:	张　凯
出版发行:	人民交通出版社股份有限公司
地　　址:	(100011)北京市朝阳区安定门外外馆斜街 3 号
网　　址:	http://www.ccpress.com.cn
销售电话:	(010)59757973
总 经 销:	人民交通出版社股份有限公司发行部
经　　销:	各地新华书店
印　　刷:	北京市宇星舟科技印刷有限责任公司
开　　本:	787×1092　1/16
印　　张:	9
字　　数:	160 千
版　　次:	2019 年 11 月　第 1 版
印　　次:	2020 年 4 月　第 3 次印刷
书　　号:	ISBN 978-7-114-16032-5
定　　价:	80.00 元

(有印刷、装订质量问题的图书由本公司负责调换)

丛书顾问委员会

主 任 委 员：周　伟

副主任委员：翁优灵　贾绍明　黄成造　刘晓华　曹晓峰　童德功
　　　　　　张劲泉　李爱民　王红伟

委　　　员：陈明星　刘永忠　兰恒水　李卫民　鲁昌河　张家慧

丛书编审委员会

主 任 委 员：刘晓华

副主任委员：曹晓峰　童德功　兰恒水　李卫民　鲁昌河　张家慧
　　　　　　职雨风　尹良龙　夏振军　张　栋　邱　钰　朱　方
　　　　　　潘奇志　陈子建　乔　翔　姚喜明　程寿山

委　　　员：陈　红　陈　记　孙家伟　余长春　王文州　刘世宁
　　　　　　胡　健　黄锡辉　何际辉　刘　烜　李史华　杨少明
　　　　　　林　楠　何晓圆　王啟铜　邱新林　叶　勇　张国炳
　　　　　　黄少雄　苏堪祥　张　利　李　斌　肖　鹰　张连成
　　　　　　唐汉坤　薛长武　章恒江　彭学军　李　凯　吴育谦
　　　　　　吴俊强　甄东晓　金明宽　曹春祥　和海芳

本册编委会

主　　编：陈子建

副 主 编：乔　翔　刘　烜　陈　记　彭　涛　姚喜明

编写人员：肖滋国　崔志涛　兰建雄　李　佳　杨　杰　张显正
　　　　　陈光进　程立航　刘汉勇　陈运啸　曾永军　张国良
　　　　　蒲　坚　吴庆彬　张劲超　黎　明　牛敏强　张潜勤
　　　　　钟　凡　周术林　李　志　周振宇　王　波　陈舜杰
　　　　　陈学彬　赖　峰　王仁健　谭　连

交通是兴国之要、强国之基。党的十九大明确指出，建设质量强国、交通强国，把提高供给体系质量作为主攻方向。2019年9月，中央正式发布的《交通强国建设纲要》，明确提出了推动交通发展由追求速度规模向更加注重质量效益转变，由各种交通方式相对独立发展向更加注重一体化融合发展转变，由依靠传统要素驱动向更加注重创新驱动转变，打造一流设施、一流技术、一流管理、一流服务的要求，为我国未来三十年交通发展擘画了宏伟蓝图和指明了奋斗方向。

推进交通运输"品质工程"建设，就是顺应新时代、新任务、新要求的现实之举，是在工程建设领域贯彻落实《交通强国建设纲要》的必然要求。它的核心要义是将交通基础设施建设的提质增效和转型升级作为主攻方向和动力源泉，以质量变革为主体、效率变革为主线、动力变革为基础，在建设理念、管理举措、技术进步方面有新作为，在工程质量、安全、可持续发展方面取得新成效，全面实现交通运输基础设施建设的转型升级和高质量发展，进而实现由交通大国向交通强国的转变，加快建成人民满意、保障有力、世界前列的交通强国，为全面建成社会主义现代化强国、实现中华民族伟大复兴中国梦当好先行。

交通运输的高质量发展，首先是基础设施工程项目的高质量建设。改革开放以来，我国交通基础设施建设经历了40多年的发展，建成了一批在世界范围内具有影响力的跨海（江）桥梁、长大隧道、大型沿海港口工程，也积累了大量工程建设和管理经验，在工程建设方面已具备了再上新台阶的基础条件。"品质工程"继承和丰富了现代工程管理的理念和内涵，追求工程内在质量和外在品质的有机统一，是一个站在新的历史起点上推进交通建设工程质量转型发展的有力举措，是公路水运建设工程转入高质量发展的序曲和基础支撑。

广东省南粤交通投资建设有限公司主动把握工程建设发展的新趋势，率先开展了"南粤品质工程"创建活动。经过3年多的实践探索，形成了"高质量理念、高质量管理、高质量产品、高质量服务"的南粤品质特色。在实践过程中，桩基标准化、路基标准化、房建标准化作为标准化设计的重要组成部分，丰富和完善了广东省标准化设计体系，促进了工程建设标准化工作的发展。优质优价、优监优酬、双标管理、首件工程制、五赛五比等举措逐一落实，提高了项目建设管理水平。植被修复、废渣利用、"永临结合"等节能减排、生态环保技术的应用，革新了建设理念，推动了绿色发展。数百项微创新成果改进了现有工艺、设备，汇聚了集体智慧，弘扬了工匠精神，提高了生产效率，提升了工程质量。服务设施的人性化、路政管理的标准化、运维养护的数字化，全面提升了营运服务水平。总的来说，广东省南粤交通投资建设有限公司在"品质工程"创建过程中积极探索、勇于创新，付出了艰辛努力，取得了显著成效，展现了良好风采。

《"南粤品质工程"理念与实践系列丛书》就是"南粤品质工程"创新成果的系统总结，从建设理念、设计、管理、质量、创新、绿色、安全、服务、展示等九个方面，全面反映了"南粤品质工程"的创建过程和经验体会，内容丰富、形式新颖、针对性强、推广价值高，可为建设"平安百年品质工程"提供重要的参考与借鉴。开卷有益，我们期待着广大交通工程建设的从业者都能积极地行动起来，主动作为、积极探索、广泛交流、共同努力，不断提升技术、管理和服务，推动交通基础设施高质量发展，促进交通工程项目品质工程建设再上新的台阶。

交通运输部总工程师

2019年10月

跨过山海江河，只为"品质工程"
——记《"南粤品质工程"理念与实践系列丛书》

《"南粤品质工程"理念与实践系列丛书》（以下简称《丛书》）记载了南粤交通人在"品质工程"道路上的汗水和艰辛，见证了南粤交通人在推进高速公路高质量发展道路上的不断提升和超越！

广东省南粤交通投资建设有限公司（以下简称"省南粤交通公司"）于党的十八大之后成立。在那段时期，党和国家的各项事业取得了重大成就，社会面貌发生了深刻变革；彼时的广东，正紧紧围绕习近平总书记在广东考察工作时提出的"三个定位、两个率先"的总目标，不断优化区域协调发展空间布局，举全省之力推进粤东西北地区振兴发展；彼时的南粤交通人，毅然决然地在广东省交通基础设施建设道路上，在"加快高速公路建设,助力粤东西北发展"的高速公路建设大会战战场上，扛起了广东省政府还贷高速公路建设发展的大旗，不断前行。2017年10月，在党的十九大召开前夕，省南粤交通公司站在新时代的门槛上，再一次迎来历史性的发展跨越——经过与广东省交通集团有限公司完成重组改革，在企业发展之路上实现了华丽蝶变。在以"高质量发展"为主旋律的新时代公路建设发展浪潮中，该公司于2017年、2018年分别实现了高速公路高质量通车的企业管理目标，连续2年的通车总里程占全省2年通车总里程的82%；为广东省构建区域平衡、协调发展新格局，助力脱贫攻坚，做出了行业贡献；为广东省高速公路总里程突破9000km、连续5年居全国第一，贡献了"南粤力量"。

省南粤交通公司肩负着约2000km政府还贷高速公路建设营运管理的重任，项目建设总投资额约为2400亿元，新开工高速公路约1618km，占广东省同期新开工高速公路总里程的37%，项目覆盖广东省19个地级市。新开工建设的项目中，有广东省高速公路建设史上单独立项线路里程最长的项目——汕昆高速龙川至怀集段（全长366km），有粤港澳大湾区的重大工程项目——港珠澳大桥珠海连接线，有全省最长的高速公路隧道——金门隧道，还有拱北隧道、通明海特大桥等一大批跨海、跨江、跨河、跨山通道……项目规模庞大，工程技术复杂，施工难度高。

依托上述体量庞大的建设项目集群，省南粤交通公司在积极探索高速公路建设管理现代化管理体系的道路上，以广东省先行先试，以"弘扬现代工匠精神，打造南粤品质工程"为主题，开启了"南粤品质工程"创建活动的新征程。《丛书》全面介绍了"南粤品质工程"的发展脉络，凝聚了南粤交通人在谋求高品质发展道路上的集体思考；体现了"南粤品质工程"以技术为引领，以人为本，以自然为载体，以长寿命安全为目的的高品质高速公路建设体系；有理念与管理，有质量与安全，有设计与创新，有绿色与服务，有全方位、多维度的成果展示，还有南粤交通人对当前公路建设发展的审视和对未来的展望，彰显了省南粤交通公司"大道为公"的内涵。

这套《丛书》既是省南粤交通公司建设工作的总结，也是和国内外同行交流沟通的平台，既可为同类项目建设提供参考，也可为下阶段行业开展"平安百年品质工程"提供借鉴。希望广大公路建设者充分交流、不断总结实践经验，努力推进高速公路建设发展再上新台阶！

广东省交通集团有限公司总经理
2019年9月

第一章　绪论 ... 001

第一节　公路工程安全生产的重要性 …………………………… 002
第二节　安全保障与品质工程的关系 …………………………… 003
第三节　南粤品质安全 …………………………………………… 004

第二章　安全管理体系 ... 009

第一节　管理理念 ………………………………………………… 010
第二节　制度建设 ………………………………………………… 011
第三节　责任落实 ………………………………………………… 011
第四节　风险管控 ………………………………………………… 012
第五节　隐患排查 ………………………………………………… 013
第六节　应急管理 ………………………………………………… 016
第七节　教育培训 ………………………………………………… 021
第八节　费用管理 ………………………………………………… 027
第九节　考核奖惩 ………………………………………………… 029

第三章　建设期安全保障　031

第一节　以管理、科技手段保安全 ……… 032
第二节　以机械化、装配化手段助安全 ……… 041
第三节　以落实标准化、创新树标杆促安全 ……… 053

第四章　营运期安全保障　095

第一节　品质安全打造平安公路 ……… 096
第二节　多措并举构建平安公路 ……… 106
第三节　联勤联动共建平安公路 ……… 120

第五章　结语　129

第一章

绪论

2016年12月18日,中共中央、国务院发布了《关于推进安全生产领域改革发展的意见》。意见指出:"安全生产是关系人民群众生命财产安全的大事,是经济社会协调健康发展的标志,是党和政府对人民利益高度负责的要求。"作为安全事故多发的工程建设行业,应提高认识,防患于未然。

第一节　公路工程安全生产的重要性

近年来,伴随着我国各项安全管理法规的颁布和实施,公路工程安全管理也日趋完善,在建设施工中,"安全才能生产、生产必须安全"已成为从业人员必须遵守的原则。人们从以往被动地讲安全,到主动地说安全,再到今天的安全就是效益,完成了一个质和量的飞跃。

施工企业生产设备的临时性、工作环境的多变性、人员安全素质的差异性、人机的流动性,以及工程施工的多工种立体交叉作业等都存在着众多危险因素。公路工程施工是一项十分复杂的工作,各种不安全因素相互交错,管理难度大、作业难度大、劳动强度高、伤亡事故多。据有关部门统计,我国每年死于工程施工的人数仅次于交通事故、煤矿事故,而其中因管理松懈、违章作业引发的伤亡事故超过60%,这些安全事故的发生,造成的危害是无法估量的。做好安全管理工作,实现安全生产才是公路工程建设的核心,是工程能够顺利进行的基础,是获得社会效益与经济效益的前提和保障。

交通基础设施建设的快速发展为我国国民经济的发展提供了巨大的保障,做出了巨大的贡献,然而,与此同时,交通工程建设事故仍然频发,受到全社会的广泛关注。2018年5月公布的《公路水运行业安全生产事故统计分析》显示:一季度,在公路水运工程建设领域,因违反操作规程或劳动纪律引发事故起数、死亡人数,占工程建设事故总量的57.1%、70.0%,反映出一线作业人员和管理人员安全意识薄弱、安全技能不足等问题,施工现场安全标准化水平亟待提高;桥梁隧道工程事故高发,涉及桥梁隧道工程事故起数、死亡人数,占工程建设事故总量的42.9%、60.0%,反映出桥梁隧道工程施工难度大、安全压力大;坍塌和高处坠落事故多发,涉及坍塌和高处坠落事故起数、死亡人数,占工程建设事故总量的57.1%、70.0%,反映出"防坍塌、防坠落"工作任务依然艰巨。坍塌事故主要原因除了施工安全本身存在严重缺陷外,还因为施工作业流动性强,在作业过程中往往需要建设临时性设施,造成安全上的控制不足。高处坠落事故,反映出高处作业过程安全隐患突出,一方面是高处作业防护设施不够完善,另一方面也反映出作业人员的自身安全、防护工作有待加强。

高速公路项目施工是一项复杂的工作,相对于其他工作,其施工的周期比较长、覆盖的面比较广,受自然环境的影响也比较大。高速公路施工时错综复杂的特点,会给项目建设带来不可预见的风险,导致安全风险的因素主要有以下几点:

第一,高速公路施工安全受到多方面因素的影响,其中,人是主要因素,除此之外还有材料和施工机械等。施工和管理人员不规范的作业行为、机械设备的错误操作及其不良状态是导致安全事故频繁发生的主要因素。

第二,高速公路建设与其他行业有所不同,施工作业在野外环境中进行,施工时会遇到各种各样意想不到的情况,天气的变化、环境的改变等都会影响施工的安全和进度,从而诱发不安全因素。

第三,高速公路施工工序多,需要大量不同的施工作业人员及各类机械设备,经常出现各种工序交叉作业的情况,增加了事故发生的概率。

第四,高速公路工程建设属于劳动密集型产业,各类作业人员素质和技术水平良莠不齐,这也给施工安全带来隐患。

因此,公路工程施工过程中的安全管理工作,应引起高度重视,抓好安全管理工作是工程施工管理的重中之重。只有大胆探索新的管理思路,健全安全管理体系,强化员工安全意识,提高施工队伍的整体素质,才能保障生产建设的安全,推动交通运输安全生产水平实现质的飞跃,为我国从交通大国向交通强国迈进提供可靠的安全保障。

第二节 安全保障与品质工程的关系

《关于打造公路水运品质工程的指导意见》指出,打造品质工程是今后一个时期推动公路水运工程质量和安全水平全面提升的有效途径。可见,安全保障和安全管理在公路水运品质工程中处于同样重要的地位。

安全管理以追求工程本质安全和风险可控为目标,促进工程结构安全、施工安全和使用安全协调发展。具体从以下四个方面加强安全管理,提升工程安全保障水平。

第一,加强工程安全风险管理基础体系建设。推行工程安全生产风险管理,建立安全风险分级管控和隐患治理双重预防体系,推动重大安全风险管控和重大事故隐患治理清单化、信息化、闭环化动态可追溯管理,夯实安全管理基础。

第二,提升工程结构安全。树立本质安全理念,强化桥梁隧道、路基边坡等的施工和运行安全风险评估工作,切实加强工程结构安全关键指标的实时监测与分析,积极探索智能预警技术,确保工程结构安全状态可知、可控。

第三,深化"平安工地"建设。加强施工安全标准化建设,推进危险作业"机械化换人、自动化减人",提高机械化作业程度。推行安全防护设备设施工具化、定型化、装配化。落实安全生产责任,健全安全工作制度,强化安全管理和风险预控,加强隐患排查治理,提升针对性应急处置能力,确保施工安全。

第四,提升工程安全服务水平。加强公路交通安全评价,强化公路管理和服务设施的科学合理配置,加强道路、桥梁、隧道、港口等安全运行监测与预警系统建设,提高工程运行管理水平和应急服务能力。建立健全工程巡查排险机制,提升工程安全防护设施和管理服务设施的有效性。

第三节 南粤品质安全

广东省南粤交通投资建设有限公司(以下简称"省南粤交通公司")于2012年底成立。截至2018年底,在圆满完成了1094km的高速公路建设任务的同时,公司也需相应地对1328km的高速公路实施营运安全保障。生产经营和建设持续高位运行,面临极大安全压力。6年来,省南粤交通公司安全生产形势保持了良好的稳定态势,并在交通运输品质工程创建的基础上形成了既常规又独特的"南粤品质安全"。

一、完善体系,落实责任

省南粤交通公司自成立伊始就形成了职责明确、层次清晰、覆盖全员的安全生产监督管理责任体系,即公司监管、项目主抓、参建单位负责的三级安全监管体系,明确公司(项目)一把手对安全生产负总责、党政同责、"一岗双责""管生产必须管安全",各部门、各单位、各岗位落实各自安全职责的安全生产责任体系,将安全生产的责任落实到每一个部门、每一个参建单位、每一个员工。各单位、各岗位根据自身的安全职责履行各自的安全生产权利和义务,担负起相应的安全管理责任。监管责任体系的建立为公司全面落实安全生产管理工作提供了组织保障。

二、健全制度,规范行为

要真正把安全生产工作落到实处,除了"用体系管人"外,最重要的是"用制度管事",用刚性的制度规定安全会议、安全检查、宣教培训、考核奖惩、应急处理、安全档案、责任追究等要素,并衔接紧密,形成体系。省南粤交通公司在制定安全管理制度时,除严格合法合规外,还着重考虑其可操作性和实效性,使制度既对工作起到规范、约束和指导作用,又能得到有效落实。

省南粤交通公司制定了10项安全生产管理制度,通过专题会议和视频会议进行全员宣贯,并组织进行考试和知识竞赛。在充分宣贯的基础上,通过严格的责任制考核,确保制度的各项要求真正落地。6年来,各项制度得到了全面的落实和执行,有效地规范了日常安全管理行为。

三、强化监督,控制风险

省南粤交通公司开展的安全监督检查包括四个方面内容:一是查"一岗双责";二是查制度,查管理;三是查现场,查隐患;四是复查隐患整改情况。每年4次的安全生产大检查、一次"平安工地"考核评价、一次"年度安全责任制考核检查"和不同主题的其他专项检查,已成为安全监管常态化工作。

除了公司层面的监督检查外,各项目管理中心(处)也定期组织开展安全生产大检查和专项检查,而有的项目更是将安全生产大检查频率提高到每月一次,每次时间长达一周,每次检查均由第一责任人、直接责任人亲自带队,不走形式,实事求是。

四、百花齐放,奋勇争先

省南粤交通公司及其所属各单位均分别成立了"平安工地""平安公路"建设领导小组,按照"统筹兼顾、突出重点、先急后缓、分步实施"的原则,制订年度、季度创建目标,将创建措施层层细化,并对创建工作中出现的新情况、新问题,及时做出有针对性的部署,脚踏实地、一步一个脚印,每个季度解决一些安全管理和现场存在的通病,推动安全管理水平稳步提升,最终以优异的成绩实现创建目标。有的项目根据施工班组的分散性和流动性特点,积极探索"零事故班组"建设,经试点班组总结推广经验,加强对班组长的动态管理,创新施工班组管理方式、方法,由单纯基础资料建设向思想建设和能力建设转变,助推"平安工地"建设;有的项目另辟蹊径,将"平安工地"建设情况纳入每次的劳动竞赛和"五赛五比"考核评比中,设立相应的安全奖项,与劳动竞赛相辅相成,并对照奖惩机制,严格按考核结果对各标进行奖惩,营造安全生产管理工作"你追我赶、积极向上"的良好氛围;有的项目将"平安班组"和创建"平安公路"融合,并真正将员工绩效和安全生产工作挂钩,实现奖罚分明,充分调动员工参与安全管理的积极性。

不仅如此,为严格落实省交通运输厅《广东省高速公路工程施工安全标准化指南》的要求,进一步提高施工现场的安全生产标准化水平,省南粤交通公司以创建"安全生产标

杆"活动为抓手,以狠抓施工现场为着力点,全面开展安全标准化建设,培育安全生产标杆,倒逼施工单位落实安全设施标准化建设,规范施工行为。省南粤交通公司自2014年以来,已按照"本质安全、经济实用、优中选优、便于推广"的原则,培育出了17个公司级安全生产标杆,编印标杆图册,下发标杆视频,在公司系统全面推广,以标杆带动整体施工安全标准化水平的提升。

五、加强培训,锤炼队伍

省南粤交通公司始终视教育培训为安全生产工作的基石,树立"培训不到位就是重大安全隐患"的理念,坚定不移地进行教育培训工作形式、方法和制度的创新,提高培训工作的针对性和有效性,把安全生产教育培训作为重中之重,持之以恒地抓下去。

通过开展安全讲座、岗前教育培训、安全技术交底工作、安全知识竞赛等活动,省南粤交通公司立体化、多层次抓安全生产教育培训工作,现在已经形成常态化、规范化、制度化的工作机制。

人才队伍是抓好安全生产的核心要素,省南粤交通公司在人才培养、队伍建设上面坚持"硬件软件两手抓"。硬件方面,以自主培养和好中选优为主,以适时、适当引进专业人才为辅,组建了一支100余人的专职安全管理队伍,并以发展的视角,在队伍建设上不断拓展途径,创新形式;建设项目均单独设立安全管理部,为安全人才提供了施展才能的舞台。软件方面,坚持人才培养深度专业化,用知识武装队伍,开展形式多样的培训活动,有针对性地提升安全管理队伍的专业素质。

在传统上创新,在创新中成长,多元化的安全教育培训方式为省南粤交通公司打造了一支专业技能扎实的安全队伍,筑牢了安全管理坚强堡垒,形成了行之有效的安全人才教育培训体系。

六、科技创新,本质安全

省南粤交通公司树立安全发展观念,弘扬创新驱动发展理念,加大安全生产投入,积极鼓励各参建单位开展安全生产科技创新,大力推广新工艺和新设备,切实提升了安全生产风险防控能力,为促进安全生产形势持续稳定好转提供了强有力的科技支撑和保障。科技创新为工人和工程双双上了"安全锁"。积极推动科技创新,以科技促安全发展,不断实现新跨越。公司所属各项目充分发挥技术优势,针对各自项目所存在的风险点,群策群力,在安全工作"细节和落实"上下功夫,通过反复摸索和实践,不断创新,出现了一大批科技创新成果,并迅速在省南粤交通公司各项目推广应用,部分科技项目达到了行业先进水平。

创新安全技术、更新装备、推进信息化等是建设和营运提升本质化安全的重要手段,有什么样的装备手段就有什么样的安全状况,这是省南粤交通公司在长期安全管理中得出的经验。通过适时调整施工现场布局,尽力实施流水作业,推行先进的集约化施工方式,对施工系统和施工区域实施空间和时间管制和调度,减少重大立体交叉作业,依靠科学的管理手段,大力使用先进安全设施设备,尽量减少手动和人力工具的使用,确保安全系数增大。省南粤交通公司通过科技创新,有效地促进了机(物)的本质安全,努力实现任何时候、任何地点、任何设备都能以良好的状态运转,不带故障;任何保护设施都齐全、可靠;任何原材料都符合规定和使用要求。

从某种意义上讲,南粤品质安全是全链条"大安全",涵盖产品安全、功能安全、生产安全、运营安全,贯穿高速公路设计、施工、营运各个阶段。本册着重于介绍省南粤交通公司安全管理体系、生产安全(建设期安全保障)、运营安全(营运期安全保障);产品安全、功能安全则纳入理念篇和设计篇介绍,本册不再赘述。

第二章

安全管理体系

安全管理体系,实质上是一种安全管理模式,目的是为了提高企业管理水平。安全管理体系的作用在于从组织上、制度上保证企业的生产安全、顺利地进行。具体说来,建立健全安全管理体系包括:将企业中行之有效的安全管理措施和办法制定成统一标准,纳入规章制度,建立健全安全标准体系;在企业中设立专职安全管理机构,配备专职安全管理人员,建立健全安全管理组织体系;明确企业各部门、各级人员在安全管理工作中所承担的职责和权限,落实安全生产责任制,建立健全安全管理责任体系;严格执行未经岗前安全教育培训不得上岗的制度,对全体职工进行经常性的安全教育和技术培训,建立健全安全管理培训体系;企业内部成立检查小组,经常性地进行现场检查,并自觉接受行业专门检查机构检查,建立健全安全管理稽查体系。

第一节 管理理念

省南粤交通公司在高速公路建设及运营过程中,以企业文化底蕴为基础,突出以人为本的理念,正确处理安全与生产、安全与发展的关系,始终把安全放在一切工作的首位,做到"不安全不生产,生产必须安全"。历经20个高速公路建设、运营项目安全管理经验的积淀,逐步形成了"安全是最大的政治,是员工最大的幸福,是企业最大的效益"的理念,坚持"安全生产是永恒的主题",不断丰富安全理念的内涵,实现从"要我安全"到"我要安全"的转变,从而有力地促进安全生产。

理念是行动的先导,面对筹建、续建、运营等各项业务并存的实际情况,省南粤交通公司安全管理践行三个安全管理理念。

第一,"用制度管人、用体系管事",建立健全安全管理制度,编织安全管理网络,落实各个层次、每个岗位的安全生产职责,逐步形成"全员履责、齐抓共管"的氛围,严格按制度落实教育培训、会议、经费、检查、隐患整治、考核评价、应急管理、责任追究等安全管理要素,确保体系高效运转。

第二,"高标准、严要求",通过严评比、树标杆,严检查、督隐患,严监管、真考核,促安全管理上新台阶。

第三,"一级抓一级、层层抓落实",严格执行层级管理,以"一岗双责"为抓手,充分利用各种奖惩手段,保证权、责、利对等,激发全员参与安全管理的积极性,催生内生动力,营造"齐头并进、人人争先"的良好氛围。

安全是发展的前提和基础,是员工幸福的保证。意识决定行为,行为产生后果。没有强烈的安全意识,就难以产生严格规范的安全行为。省南粤交通公司上下内化思想,外化行为,不断提升广大员工的安全意识,强化安全责任落实,尽监督职责,消除安全隐患,叫停违章违规作业,把"安全第一"变为每个员工的自觉行为。通过加强公司安全管理标准化建设,搭建成熟的制度体系、应急预案体系、教育培训体系、检查考核体系,推动标准化、规范化管理,构建"落实责任、落实制度、落实奖惩"的安全监管体系,扎实推进安全生产基础性工作,创建"平安工地"示范典型项目和"平安公路"示范项目,为最终实现高速公路全寿命安全提供有效保障。

第二节 制度建设

根据国家有关安全生产的法律、法规、规范、标准,省南粤交通公司自成立以来先后3次修订了《安全生产监督管理办法》,目前形成了《安全生产责任制考核奖惩实施细则》《安全生产检查及隐患整治实施细则》《安全生产会议管理实施细则》《安全生产宣传教育培训管理实施细则》《安全生产事故管理实施细则》《安全生产责任追究实施细则》《安全生产费用管理实施细则》《安全生产资料管理实施细则》《安全生产风险点危险源辨识评价管理实施细则》共10项安全管理制度及《公司营运单位应急预案编制指南》,在工作中严格执行,真正实现了以制度流程促进安全工作管理的标准化。

省南粤交通公司所属各项目参建单位均建立健全安全管理制度,主要包括:安全生产会议制度、安全生产责任制度、安全生产专项费用管理制度、安全生产检查评价制度、项目负责人带班制度、"平安工地"考核评价制度、安全生产隐患排查和治理制度、安全教育培训制度、安全技术交底制度、安全风险评估制度、专项施工方案的编制和审核制度、应急救援制度、安全事故报告和处理制度、施工设备安全管理制度、特种设备管理制度、劳保用品管理制度、消防安全责任制度、危险品安全管理制度、分包单位安全管理考评制度、特种作业人员管理制度、安全奖罚考核制度等相关制度。

第三节 责任落实

省南粤交通公司自成立以来,推进安全责任落实,健全安全管理责任机制,明晰各层级、各岗位安全职责。全面实行"一岗双责"安全生产责任制,将安全和生产放在同等重要的位置,建立主要领导负总责,分管领导牵头负责,完善"横向到边,纵向到底"的安全生产责任链;将安全责任体系及其运行情况纳入检查内容,形成切实有效的安全管理责任追究机制。

强化内部责任落实，必须担当担责、履职尽责。省南粤交通公司明确将"一岗双责"抽查写入安全管理制度，结合安全生产大检查、年度安全生产责任制考核一并实施。对于建设项目按5%人员比例抽查，对于营运项目按1%人员比例抽查。抽查内容包括岗位安全职责熟知情况和岗位履职情况。抽查方式包括座谈、查阅个人工作记录、闭卷考试等。

强化外部责任落实，必须强化督导考核问责。在实施过程中，省南粤交通公司各项目对参建单位强化"一岗双责"考核，与个人奖金挂钩。在工程现场，以问题为导向，倒查施工、监理管理人员"一岗双责"履职情况，即不管具体做哪项工作的人员，分管哪项工作的领导者，除了把本职工作做好外，同时还要承担安全生产的责任，对履职效果差、安全意识淡薄的，采取警告、离岗再教育、清退等措施并在全线通报，树立反面典型，对安全检查和考核中企业安全主体责任差的单位，采取处罚、通报上级单位、约谈等措施。

第四节　风 险 管 控

高速公路项目本身具有复杂性，经常穿山越岭、跨越河流，建设条件复杂，并且涉及众多群众利益，投资巨大，在技术上存在许多难点和亟待解决的问题，在组织协调与管理上存在一定的复杂性。对项目建设和运营过程中潜在的风险因素，进行风险辨识、风险分析和综合评估，为管理者提供可靠的决策依据，具有十分重要的意义。

省南粤交通公司建立健全了风险点危险源辨识评价管理制度，明确重大危险源安全管理与监控责任，制订重大危险源安全管理与监控实施方案。省南粤交通公司所属各项目认真落实各阶段安全风险评估，构建风险管控预防机制。通过开展设计安全风险评估，优化设计方案，提升工程施工本质安全水平；通过开展施工阶段桥隧、高边坡风险评估，全面辨识施工中的风险源，根据风险程度高低，进行风险分级。确定风险等级后，编制出风险点、危险源清单，绘制风险点、危险源电子分布图。制订相应的风险防控措施并予以落实，实现对风险源的全方位防控。

省南粤交通公司所属各项目施工单位在工程项目开工前，依据工程实际及设计、施工阶段安全风险评估情况，制订工程项目重大事故隐患基础清单，重大事故隐患清单附件包括危险性较大工程及需组织专家论证审查的工程一览表。组织相关部门人员对重大事故隐患清单进行评审，并根据审查意见修改，完善后报监理单位审查，通过后由项目经理发布，并报施工企业及工程项目监理单位、建设单位备案。建设过程中加强重大事故隐患清单的动态管理工作，每季度根据工程建设实际施工情况，对重大事故隐患清单进行梳理。

当工程建设条件、施工环境、施工作业内容等发生变化时,对重大事故隐患清单及时进行调整,经审核通过后重新备案。针对重大事故隐患清单制订相应的预控措施,同时将重大事故隐患清单纳入岗前教育培训,并在相应作业区域公示。

第五节 隐患排查

省南粤交通公司紧抓现场检查,构建隐患治理预防机制。建立完善的隐患排查治理制度,制订符合实际的隐患排查治理清单,明确和细化隐患排查的事项、内容和频次,并将责任逐一落实,持续开展全员、全过程、全方位的隐患排查工作。同时,推动全员参与自主排查隐患,尤其要强化对存在重大风险的场所、环节、部位的隐患排查治理。

省南粤交通公司要求隐患排查治理工作要做到"四个结合":一是与安全生产专项整治结合,狠抓薄弱环节,解决影响安全生产的突出矛盾和问题;二是与日常安全生产监管结合,完善应急体系,建立长效机制;三是与安全生产监督检查结合,联合各职能部门开展抽查,加强督促指导;四是与强化安全管理和技术进步结合,强化安全标准化建设和现场管理,加大和落实安全投入,夯实安全管理基础,提升本质安全度。

一、安全生产检查

发现隐患、消灭隐患,是预防事故发生的重要手段。安全检查实际效果的好坏直接影响项目生产建设的安全。为此,省南粤交通公司成立了安全生产专家库,参与对所属各项目的安全生产大检查、专项检查及特殊时段安全检查。在个别项目委托具有资质的第三方进行抽查,以及要求监理单位交叉互检。对检查发现的安全隐患,及时下发检查通报,并要求参建单位按照"三定"原则(定责任人、定措施、定期限)整改落实到位,真正做到全覆盖、零容忍。

二、风险隐患排查

(一)排查机制

为了加强隐患排查治理,加强监管监控,找寻规律,推动隐患治理工作常态化、制度化,省南粤交通公司建设项目探索和建立了一系列的制度机制,进一步完善隐患排查制度体系,确保把隐患消除在萌芽状态。

1. 积极组织各施工、监理单位全线开展突发事件风险隐患排查和整改,建立风险隐患排查整改台账,制订隐患整改措施,同时组织有关单位、技术人员和专家,对各类风险隐患的成因、易发时间、地点及发生概率、紧急程度和可控性、可能造成的危害、受影响区域内其他风险隐患情况、多灾种耦合的可能性、应急能力储备情况等进行全面深入的分析评估,同时对风险进行分类分级,结合已有的风险评估成果,有效运用,制订针对性的防范和整改措施。

2. 加大工作力度,强化责任追究。严格按照排查整改要求认真组织实施,全面排查,彻底整改,不放过一个风险,不漏掉一个隐患;对高危风险点积极组织安全专项检查,制订管控措施,集中排查和消除风险隐患。对未按要求开展排查和整改工作、排查不全面、不彻底或发现问题没有采取有力措施及时整改防控的,严肃追究有关单位和人员责任。

3. 加大对重大风险点、危险源的监管力度,定期对风险进行分析,及时发布警示、预警信息,有效降低事故风险。强化重大风险点、危险源的隐患、问题闭环管理机制,对产生高风险的重大隐患,要采取一切可行措施及时排查,降低风险。

4. 创新工作手段,强化日常监管,及时总结,建立长效机制。充分依靠QQ、微信、钉钉等信息化手段及时沟通,广泛动员各参建方力量参与风险隐患排查治理工作,做到早发现、早报告、早处置,共同把风险隐患消灭在萌芽状态。

（二）方式方法

省南粤交通公司所属各项目以施工安全风险监控为核心,通过现场安全风险巡视、远程视频监控、安全预警报警、安全隐患统计与整改闭合、信息发布等形式,全面、及时地掌控风险,避免或减少安全事故,从而改善目前安全生产监管工作基础,大大提升了施工安全风险管控效果。

1. 河惠莞项目使用手机App（应用程序）对风险源进行实时管控。河惠莞项目针对项目线路长、风险点（源）多面广的实际,为便捷开展风险管控和隐患排查,创新工作方式,将"互联网＋安全生产"的理念和技术引用到施工现场,建设单位联合第三方研发了手机端风险管控软件,将项目前期已编制的风险点、危险源,评级管控与绘制的风险点、危险源分布电子图导入系统软件数据库,利用手机App对风险源进行实时管控,动态反馈施工现场风险源处置进展情况,隐患不整改,预警信息不消除。同时,创建了安全隐患排查治理平台,提高隐患排查的效率。参建单位任何一方管理人员均可利用手机App即时下发现场安全隐患整改通知单,指定相关责任人整改,并抄送上级管理单位相关人员,整改人完成整改后在手机App上上传回复;整改期限内未处理的,系统将在相关责任人手机App上报警显示并同时传送上级管理人员,这样大大提高了安全管理工作的效率。2018年初,风险管控系统完成开发并在项目全线推广应用,目前,全线已普及使用该系统开展日常检查及重大危险源管理(图 2-1)。

a)主界面　　　　b)危险源电子分布图

c)隐患整改通知单列表　　d)下发隐患整改通知单界面

图 2-1　手机端风险管控软件

2. 怀阳项目使用无人机进行辅助安全检查。怀阳项目制订了《无人机安全生产检查和隐患排查管理办法》，在全线推广采用无人机进行安全巡查(图 2-2)。辅助桥梁高处安全检查和隐患排查，如拌和站筒仓或料棚、龙门架、涉江栈桥、高墩立柱、盖梁施工等难以攀爬检查的部位；辅助路基高边坡施工安全巡查，查看路堑开挖是否分级开挖、掏底开挖、上下同时开挖等，同时能对存在地质灾害的风险点、路基边坡稳定性以及取、弃土场等进行实时监控。另外，还可利用无人机快速量测工程周边与高压线架空线路的安全距离，及时反馈施工现场，保证了检查人员的自身安全。

3. 仁博项目仁新段创新问题督促整改分级复查制。仁博项目仁新段根据项目路线长、工点多、界面广的实际情况，率先提出了问题督促整改分级复查的方式，即根据严重程度，将问题分为 A、B、C 三类，并明确整改落实责任人。例如，A 类问题的整改落实责任人为安全管理部副经理及以上人员，B 类问题的整改落实责任人为工程管理部相关标段长或安全管理部专职安全管理人员，C 类问题的整改落实责任人为相关总监办。在 A 类或 B 类问题的督促整改过程中，并不免除相关总监办的责任，切实做到了责任有落实，问题有整改。

通过建立健全相关制度，积极开展隐患排查治理工作，积极推进重大安全风险管控和重大事故隐患治理清单化、信息化、闭环化动态可追溯管理，成效明显。项目编制了《仁新高速公路安全标准化管理手册》《安全生产检查及隐患整改管理办法》等文件;定期组织开展月度安全生产大检查、各专项检查及各节前安全检查,对检查发现的安全隐患,及时下发检查通报,并要求各参建单位按照"三定"原则(定责任人、定措施、定期限)整改落实到位。项目建设期间安全生产形势持续稳定、受控,无任何生产安全责任事故发生。

图 2-2　怀阳项目无人机安全巡查

第六节　应急管理

省南粤交通公司通过推动应急预案的简明化、专业化,实现应急宣传教育与安全培训全员化、经常化、系统化,增强员工的应急意识,全面提升应对各类生产安全事故的能力,切实保障现场施工人员生命安全。组织开展经常性应急演练活动,让从业人员进一步熟悉、掌握、运用应急救援知识及救助程序和方法;提高从业人员的应急管理及应急救援水平,提升人员自救、急救能力;及时发现应急预案中可能存在的不足和缺陷,并依此对预案及其管理系统进行持续改进,增强应对高处作业安全突发事故的快速反应能力、应急能力和协调作战能力。

一、应急预案体系

省南粤交通公司成立之初就组织人员编制了《广东省南粤交通投资建设有限公司生产安全事故综合应急预案》,所属各项目根据综合应急预案,编制相应应急预案。各参建单位制订综合或专项应急预案、现场处置方案。应急预案体系包括:

1. 建设单位编制的《生产安全事故综合应急预案》,上与省南粤交通公司、属地政府应急预案相衔接,下与各参建单位应急预案、现场处置方案相衔接。

2. 各参建单位根据各自工程特点、范围以及周边环境编制生产安全事故应急预案。对于三种以上风险种类、可能发生较大以上事故,制订生产安全事故综合应急预案;对于潜在风险较大高边坡、特大桥及隧道施工等作业,通过危险源辨识和施工阶段风险评估结果,制订专项应急预案。专项应急预案编制范围主要如下(包括但不限于以下几种):《隧道施工(坍塌、突泥突水)专项应急预案》《桥梁施工(坍塌)专项应急预案》《高边坡施工(坍塌)专项应急预案》《人工挖孔桩施工专项应急预案》《特种设备专项应急预案》及《森林火灾专项应急预案》等。

各参建单位在专项应急预案的基础上,对于危险性较大的重点场所、设施设备,制订重点工作岗位的现场处置方案,对于一般的作业活动可以只编制现场处置方案。现场处置方案要突出针对性和可操作性,主要是明确事故类型特征、事故发生的区域及地点或装置名称、事故前可能出现的征兆、事故可能引发的次生衍生事故、应急组织及工作职责、应急处置(报警、逃生、自救、他救及现场应急处置措施等程序)、重要资料、机具的抢救控制程序及各类注意事项等。

二、应急演练

适时展开应急演练,能够增强员工应对突发事件的应变能力,增强作业人员的安全意识和逃生、自救、互救能力,减少事故造成的人员伤亡和降低财产损失。几年来,省南粤交通公司先后组织了连英金门隧道围岩坍塌事故应急演练、东雷通明海特大桥施工现场台风期消防及人员搜救应急演练、韶赣高速公路梅关主线站危化品泄漏事故应急演练等110余次专项、综合应急演练,检验了应急救援管理体系和应急预案。成功处置了港珠澳大桥珠海连接线拱北隧道漏水险情、韶赣高速公路梅关隧道盐酸泄漏事故、台风"山竹""尤特""彩虹"等灾害带来的险情,检验了应急处置能力,积累了应急实战经验。

（一）隧道坍塌事故应急救援演练

2016年,省南粤交通公司依托龙怀项目连英段,与当地交通、安监部门联合组织了金门隧道坍塌事故应急救援演练(图2-3)。演练主要针对金门隧道出口在进行仰拱开挖过程中可能存在的坍塌关门事故,模拟隧道坍塌,开展对坍塌体加固封锁、逃生管道使用等应急救援处置措施。同时,使用交通移动应急通信指挥平台,检验平台音频传输能力以及各通信系统和网络连接能力。

a)

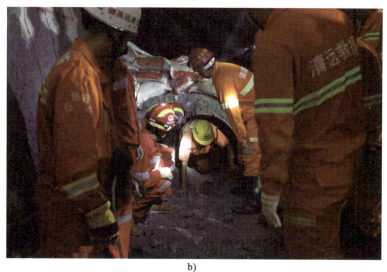

b)

图2-3　金门隧道坍塌事故应急救援演练

（二）特大桥施工现场台风期消防及人员搜救应急演练

2017年7月,省南粤交通公司依托东雷高速公路项目,联合湛江市安监、交通、消防、海事等部门，在TJ2标通明海特大桥水域特举办了台风期消防及人员搜救应急演练（图2-4）。演练包括5个项目：东雷项目响应属地单位发布的台风预警工作、对主桥施工区域的人员设备物资进行撤离、主桥失火部位实施灭火、利用北斗系统搜救落水人员、落水人员抢救。通过演练，普及了应急知识，提高了项目部全体职工风险防范意识，增强了自救互救等灾害应急能力，检验了项目应急预案体系的科学性、可行性，检验了地方政府有关部门、省南粤交通公司、管理中心、监理单位、施工单位的快速反应、协调及配合能力，检验了参建单位各应急成员对应急预案的熟悉理解、执行程序和实际操作技能的掌握、应急设备物资完好状况和备战情况，强化了各协同搜救单位的协作机制，锻炼了搜救队伍，提高了对海上施工事故的组织、协调和指挥能力。

a)

b)

图 2-4

c)

图 2-4 通明海特大桥施工现场台风期消防及人员搜救应急演练

（三）主线站危化品泄漏事故应急演练

2015年6月24日,省南粤交通公司依托韶赣营运项目联合赣州康大高速公路有限责任公司、韶关市公安局交通警察支队高速公路二大队、韶关市武警消防支队南雄大队、赣州市武警消防支队大余大队等单位,在梅关主线站顺利开展了梅关主线站危化品泄漏事故联合应急演练(图2-5)。演练过程中,全体参演人员能服从指挥,听从命令,各环节均能按方案要求快速、安全、有序进行,演练取得圆满成功,得到了上级单位的肯定。

a)

图 2-5

图 2-5　梅关主线站危化品泄漏事故应急演练

第七节　教 育 培 训

　　安全教育培训是安全生产管理工作的一个重要组成部分,是实现安全生产的一项基础性工作。进行安全教育培训,目的是增强施工作业人员的安全生产意识,提高安全生产知识,有效防止人的不安全行为,减少人为失误。安全教育培训中,要加强思想教育,推进和加强安全教育培训标准化,促进培训结果的最终转化,使"安全"两字根植于员工的心中,最终提升员工的安全意识和素质水平,实现员工和公司价值的共同增长。

一、教育培训制度

　　根据《广东省南粤交通投资建设有限公司安全生产监督管理办法》制定了《安全生产

监督管理办法实施细则（安全生产宣传教育培训管理）》，省南粤交通公司及所属各单位均按照上述管理办法和细则要求加强安全生产宣传，营造以人为本的安全氛围，开展安全文化建设。加强对从业人员的安全教育培训，严格按规定对所有员工进行上岗前、转岗前安全生产教育培训并考试，开展全员安全教育，保证员工具备必要的安全生产知识，熟悉有关的安全生产规章制度、安全操作规程和岗位安全生产职责，掌握本岗位的安全操作技能，了解事故应急处理措施，知悉自身在安全生产方面的权利和义务。未经安全生产教育培训合格的人员，不得上岗作业。

省南粤交通公司将安全生产培训教育纳入发展规划，公司及所属各单位健全落实本单位安全生产培训教育责任体系，制订本单位安全生产培训教育制度和工作计划并实施；保障安全生产教育培训经费的投入；落实"三项岗位"人员持证上岗和从业人员先培训后上岗制度，实施有关行业或岗位从业人员准入制度；自主选择教育培训方式，组织本单位从业人员开展各类安全生产教育培训和岗位经常性安全生产教育培训；建立健全从业人员安全生产教育培训档案；保证参加安全生产培训教育的从业人员享有法律、法规和制度要求的脱产学习时间且脱产学习期间的工资、福利待遇不受影响，并提供必要的学习条件；建立安全生产教育培训绩效考核制度，将安全生产教育培训考核结果纳入安全生产综合考核内容，通报安全生产教育培训考核结果，并将安全生产教育培训的情况作为员工聘用、轮岗和年度绩效考核的重要依据；同时，对本单位在安全生产教育培训工作中取得突出业绩或做出特别贡献、获得主管部门或上级单位通报表彰或授予荣誉的从业人员，给予精神或物质奖励。

二、教育培训方式

随着所属项目的不断增多，一线员工的安全生产素质教育已成为省南粤交通公司关注的重中之重。员工的安全意识淡薄，将极大地影响施工安全。省南粤交通公司鼓励通过创新，改变以往枯燥无味的安全教育培训方式。安全教育方式推陈出新，采用图文并茂的教材、多媒体视频教学、安全体验馆等多种途径，将安全意识灌输到全体员工，使得员工真正意识到施工安全的重要性。

（一）安全教育实名制

河惠莞项目为响应国务院印发《新时期产业工人队伍建设改革方案》《关于促进建筑业持续健康发展的意见》及交通运输部、省交通运输厅关于做好进城务工人员安全教育培训实名制、信息化、培养新时期产业工人等要求，结合项目一线施工作业人员职业技能较低、安全意识较差、流动性大等实际情况，建立了河惠莞高速公路教育培训系统，用信息化手段实现了劳务用工实名制管理(图 2-6),利用手机 App 实现作业人员随时随地接受安全培训教育(图 2-7)。

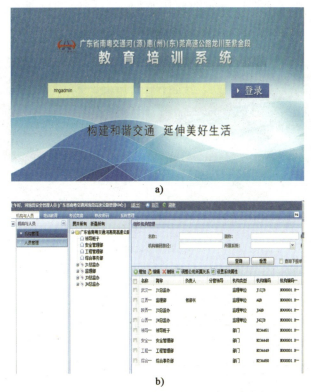

图 2-6　系统对作业人员实现实名制管理

图 2-7　安全教育培训系统 App 自主学习界面

（二）安全文化体验馆（VR 虚拟现实技术安全体验馆）（图 2-8）

通过亲身体验各种安全防护用品的使用及出现危险瞬间的感受，有效提高工人安全生产意识，加强自我安全防范的自觉性和主动性。

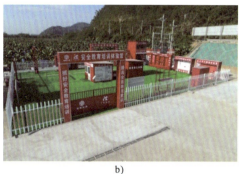

a)　　　　　　　　　　　　　　　　　b)

图 2-8　安全文化体验馆

龙怀项目连英管理处始终把职工教育培训作为提升全员素质和强化安全管理的基础，全面开展安全培训教育。通过整合各参建方安全培训优质资源，利用"智慧工地"管理手段，创新安全培训教育方式，根据施工现场作业工人大部分是进城务工人员，文化素质较低，安全教育过程中很难接受长篇大论的理论知识这一实际情况，利用便携式培训工具箱、VR 安全体验馆（图 2-9）、安全微课堂，对一线作业工人进行日常安全培训教育，有效提升了一线作业人员的安全意识。图 2-10～图 2-12 为不同事故 VR 虚拟体验。

图 2-9　VR 安全体验馆　　　　　　　图 2-10　消防灭火 VR 虚拟体验

（三）多媒体安全培训工具箱

多媒体安全培训工具箱将传统的多媒体安全培训教室所需的硬件、软件、课件进行集成，采用多媒体技术，将枯燥无味的安全知识制作成多媒体动画，寓教于乐（图 2-13）。安全工具箱集建档、考勤、培训、考试、阅卷等功能于一体，可满足安全培训全过程的需要。

配合投影仪,可携带至工人驻地进行安全教育培训,解决了高速公路建设作业人员驻地分散、集中教育培训困难等问题,减轻安全管理人员的工作压力,提高安全培训效率。图 2-14 为"多媒体安全培训工具箱"安全教育培训现场。

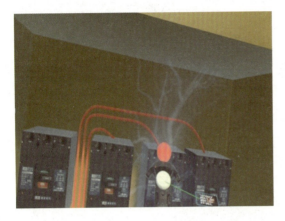

图 2-11　触电 VR 虚拟体验

图 2-12　隧道安全事故 VR 虚拟体验

图 2-13　多媒体安全培训工具箱

a)

b)

图 2-14　"多媒体安全培训工具箱"安全教育培训现场

(四)班前安全教育

项目建立安全教育讲台,大力开展班前安全会,交底当班安全情况和注意事项,着重分析判断可能出现或预想的危险及隐患。图2-15为怀阳项目班前安全教育现场。

a)

b)

图2-15　怀阳项目班前安全教育现场

(五)二维码运用

安全生产工作关键在基础,落实在基层。基层的管理者和施工工人不具备足够的安全意识和安全技能是建筑施工安全事故居高不下的死结。云湛项目化湛段各参建单位积极采用多种形式,创新安全教育培训,采用进行现场二维码安全技术交底(图2-16)、分发安全生产扑克(图2-17)、开展手机端安全知识竞赛等多种手段,不断提高基础安全管理人员和一线作业人员的安全意识,大大减少不安全行为的发生,从而确保项目安全生产。

图2-16　现场二维码安全技术交底

图2-17　分发安全生产扑克

第八节 费用管理

安全生产费用是指按照规定标准提取,在成本中列支,专门用于设置安全防护设施、落实安全措施、改善安全条件、加强安全管理等所需的费用。安全生产费用遵照"按规提取,政府监管,确保需要,规范使用"的原则进行管理。

一、安全生产费用的计取

1. 省南粤交通公司所属各项目在编制公路工程概(预)算时,依据工程基本建设项目概算预算编制办法及广东省的(补充)规定,计列安全生产费用。

2. 在公路建设工程招标时,分别确定各合同段的安全生产费用,并以总价形式单列作为固定报价,不参与竞争性报价。

3. 安全生产费用以招标控制价所包含的全部建筑安装工程费用为计算基数计提,提取标准不得低于1.5%,其中房建工程不得低于2.0%,并且最低不得低于1万元。

二、安全生产费用使用范围

省南粤交通公司所属各项目以广东省印发的相关管理办法为依据,将安全生产费用的使用范围划分为九大类,包括:①设置、完善、改造和维护安全防护设施设备支出;②配备、维护、保养应急救援器材、设备支出和应急演练支出;③重大风险源和安全事故隐患评估、监控和整改支出;④安全生产检查、评价、咨询和标准化建设支出;⑤配备和更新现场作业人员安全防护用品支出;⑥安全生产宣传、教育、培训支出;⑦安全生产试用新技术、新标准、新工艺、摩托装备的推广应用支出;⑧安全设施及特种设备安装及维护支出;⑨其他安全生产费用支出。

将施工单位在以下范围内发生与安全生产相关的费用,不列入安全生产费用,按正常工程费用渠道列支和管理的部分费用划分为九大类,包括:①施工单位为施工人员办理的团体人身意外伤害险或个人意外伤害险费用;②施工单位为职工提供的职业病防治、工伤保险、医疗保险费用;③按照"三同时"要求,初期投入的安全设施费用;④除管理处与监理单位共同认定外,施工现场与外界的隔离、围挡设施费用以及为保证施工期间交通安全而设置的临时安全设施和标志、标牌费用;⑤爆破作业及穿越村镇、公路、河流、地线管线的施工现场进行防护、隔离等设施费用;⑥按正常施工作业所设置的基坑围护、防失稳支撑、

支架、安全用电等设备费用;⑦考核奖励费用;⑧合同工程量清单中已经单列的与安全生产有关的其他费用;⑨管理处和监理单位共同认定的其他不列入安全生产费用支出的费用。

三、安全费用的管理与支付

1. 省南粤交通公司所属各项目建设单位按照《广东省高速公路工程施工安全标准化指南》的要求,根据项目实际需要编制安全生产费用清单;施工单位中标后,按照清单子目及定义申报价格及数量,由监理单位审查后,报建设单位批准。

2. 建设单位结合广东省交通运输厅关于公路水运建设工程安全生产费的管理办法,制定项目安全生产费管理办法和计量支付实施细则,规定了安全生产费用的使用范围。安全生产费用实行专款专用、专用(科)核算,任何单位或个人不得挤占或挪用。

3. 工程项目开工前,建设单位开展"开工前安全生产条件核查",督促施工单位、监理单位落实安全生产基础条件。经核查安全生产基础条件满足开工要求后,建设单位应按合同规定支付安全费用,预付款与工程预付款同期支付。预付的安全生产费用不低于该费用总额的30%。安全生产费用预付后在后续工程计量中分期(次)扣回,并在抵减完安全预付款后按实计量支付到不超过合同清单总额。

4. 安全生产费用的计量与支付采用以现场计量为主,现场计量与总额包干相结合的方式进行。能够以具体单位数量进行计量的安全生产费用,采用现场计量、按实支付的方式进行计量与支付。无法以具体单位数量进行计量的,或者采用具体单位数量计量难度较大的安全生产费用,可以采用总额包干、分期支付的方式进行计量与支付,但该部分费用合计控制在合同中安全生产费用总额的30%以内(含30%)。

5. 项目施工过程中,施工单位根据每一计量周期(每月或每季度计量一次)投入安全生产费用使用情况,按照合同文件规定,编制安全生产费用工程量清单计量申请表(附相关发票凭证、使用情况照片或影像等,证明材料须经建设单位代表、监理组长、安全监理工程师及总监办领导审核签字)和下期使用计划,经施工单位专职安全员、安全生产负责人与项目经理签字盖章后,报送驻地监理工程师审核。

6. 安全生产费用的使用管理要求审批手续完备、账目清楚、凭证齐全、内容真实、核算准确、监督措施有力,确保资金合理合规使用。

7. 省南粤交通公司所属各项目要求施工单位设立安全生产费用使用台账,健全安全生产费用痕迹管理资料台账,包含安全生产费用使用环节的监控和有关票据凭证、使用情况佐证照片(影像)等资料。

8. 施工单位根据实际需要投入使用安全生产费用,发生工程变更时安全生产费用相应进行调整，调整额为变更增减金额的1.5%（房建工程按变更增减金额的2.0%）。

9. 施工单位未能在规定限期内完成对施工现场安全隐患整改的，建设单位有权委托其他单位代为整改，所需费用在施工单位计量支付费用中扣除，并由建设单位直接支付给受委托单位。

10. 安全生产费用按实际投入结算，工程结算时安全生产费用未计量部分原则上不再计量支付。

四、检查与监督

省南粤交通公司所属各项目定期检查施工单位的安全生产费用使用台账及专户管理情况，要求施工单位开具的安全生产费用发票具名为法人单位项目经理部。检查监理单位、施工单位的安全生产费用管理台账、费用审核情况。检查如发现对存在但不限于以下行为的相关单位进行经济处罚，罚款将从当期计量款及监理费中扣除。

1. 无安全生产费用使用台账或台账不清的施工单位。
2. 未按规定为施工人员办理意外伤害保险的施工单位。
3. 没有重大危险源、事故隐患的评估以及事故隐患的整改和预防事故发生等安全措施费用的施工单位。
4. 未按国家规定提取安全生产专项费用的施工单位。
5. 没有安全设施、更新安全技术装备、职工安全培训教育、劳动保护用品配备的资金投入的施工单位。
6. 挪用或挤占安全生产费用的施工单位。
7. 将安全生产费用转嫁给劳务队伍承担的施工单位。
8. 安全生产费用计量凭证（发票）及使用情况佐证照片、影像等有弄虚作假的施工单位。
9. 未对施工单位安全生产费用进行有效监理的监理单位。

第九节　考核奖惩

省南粤交通公司坚持"以先进促后进"的管理理念，充分鼓励各项目发挥安全奖惩机制，优化奖金合理分配，积极开展各类安全生产评比，充分调动项目各参建单位及广大工程建设者的积极性、创造性，以进一步保障安全生产机制的有效运转，同时为"平安工地"及安全生产标准化建设提供有力支撑。省南粤交通公司各项目依据合同条款及标准化建

设要求细化处罚条款,奖优罚劣。安全评比奖惩主要包括但不限于以下评比方式:

1.劳动竞赛安全生产"一票否决"。制订竞赛期间安全生产事故控制指标及量化控制指标,覆盖竞赛全过程,对超出指标的给予"一票否决",竞赛评定等级直接为不达标。

2.土建路面施工安全生产综合评比,结合工程进度及各参建单位实际,对参建单位安全体系运转情况、施工现场安全防护情况、安全生产责任落实情况进行综合考评,奖优惩劣,促进各参建单位安全生产工作落实力度不断提升。

3.安全生产标杆评比,明确工作要求,制订标杆创建程序,确定安全生产分项标杆,对分项标杆评比内容进行细化、量化,要求各参建单位思想上高度重视,行动上务求落实,积极推动"平安工地"和安全生产标杆建设,通过设立标杆奖励金,形成安全生产标准化建设你追我赶、共同进步的新局面。

4.路面交叉施工期间交通管制评比,结合路面施工期间各土建、路面、交安、机电等施工作业内容交叉作业频繁情况,进行风险源及安全隐患细化分析,成立由建设项目、监理单位、路面施工单位人员组成的路面巡查小组,每天对路面进口交通管制值守岗亭、路面施工材料堆放、人员安全操作、安全防护措施落实情况及施工车辆车速控制等方面进行全面巡查,每周进行一次评比,奖励先进值守岗亭、管制配合单位、优秀人员,促使各参建人员养成自觉遵守路面交叉施工期间各项安全管理规定的良好习惯。

5.安全管理人员考核奖励,对各参建单位安全生产第一责任人、直接责任人、安全管理人员进行考核评价,对在项目建设过程中对安全生产工作支持力度大、现场安全管理措施落实到位、日常安全检查及隐患治理成效突出的安全生产管理人员进行评比,以个人荣誉进一步促进安全管理的有效运行。

第三章

建设期安全保障

为保障建设期施工安全,省南粤交通公司严格按照国家相关规范和规定,紧密结合《广东省高速公路工程施工安全标准化指南》的要求,通过修订和完善各项安全管理制度和标准,并从安全技术管理、科技信息化管理等方面着手,认真落实各项作业安全审批程序,确保安全管控到位。此外,省南粤交通公司所属各单位积极全面推进技术创新与应用,通过推广机械化换人、自动化减人、标准化施工、工厂化生产、装配化施工,大大降低施工劳动强度,保障了施工现场安全及职业健康。在施工现场安全标准化落实到位的基础上,省南粤交通公司还对各项标准化要求进行了细致研究和探讨,进一步提出改进方法,完善安全管理上的不足,由此树立了诸多安全生产标杆,切实保证技术措施实施到位,真正实现了安全标杆"领头雁"的示范作用,引领了省南粤交通公司及所属项目的安全生产健康发展。

第一节 以管理、科技手段保安全

一、关口前移,技术方案先行

(一)认真审查施工组织设计

省南粤交通公司所属项目均将施工组织设计中的安全措施作为安全技术管理的重点,其中主要包括:安全生产目标、安全生产组织体系、安全生产责任体系以及安全生产条件,防护用具、机械设备、施工机具等清单,危险性较大工程、施工现场重大风险(危险)源清单及初步控制措施、安全教育培训计划、安全技术交底计划、安全生产费用使用计划、生产事故综合预案等。在签发开工令之前,建设单位积极督促监理单位认真审查施工组织设计,其中重点审查安全技术措施内容是否符合相关法律法规的要求及强制性标准,审批手续完成后及时抄送建设单位备案。

(二)严格落实危险性较大工程专项施工方案

1. 完善专项施工方案的编制和审批

在危险性较大工程开工前,建设单位要求监理单位督促所辖施工单位及时编制危险性较大分部分项工程专项施工方案,其中包括:工程概况、施工计划、施工工艺技术、风险源管理、施工安全保障措施、应急预案、相关结构安全验算书及相关图纸等。对于超过一定规模的危险性较大工程,及时组织专家对专项施工方案进行论证审查。专项施工方案进行修改完善后,经施工单位企业和总监审批签字同意后方可实施,同时将专项施工方案报建设单位备案。

2. 督促专项施工方案的实施

施工方案的有效实施是施工安全的最佳途径,省南粤交通公司各项目均组织监理、施工、设计等单位对危险性较大工程清单进行审核确认,同时对清单中的专项施工方案实施情况实行动态化管理。首先,确保在专项施工方案实施前,督促对现场管理人员和作业人员进行安全技术交底和风险告知,从技术源头严格作业程序,杜绝违规违章行为。其次,在专项方案实施过程中,通过实行项目负责人带班制度和建设、监理、施工单位的日常巡查、专项检查,监督现场是否按专项施工方案予以落实,一旦发现问题,及时采取整改措施,对于拒不整改的行为依据项目安全管理制度采取相应处理措施。最后,建设单位督促施工、监理单位对专项施工方案的实施情况及时进行阶段性总结,要求施工单位每月总结一次,监理单位每季度总结一次。

(三)监督专控工序的安全验收

在专项施工方案的实施过程中,对于施工栈桥及平台、现浇支架、爬模及滑模、挂篮施工、架桥机安装及过孔(跨)、塔吊基础施工等重点安全控制的施工工序,省南粤交通公司所属各单位均能严格督促施工单位完成自检和监理单位复检工作。每道专控工序必须经验收合格后方可进入下一道工序施工,对于验收不合格的,必须进行限期整改,直到验收合格为止;对于没有安全验收资料的,不予签发交工证书,不得进行工程计量。

(四)做好安全技术交底工作

安全技术交底是项目施工中的重要环节之一,交底必须在施工作业前进行,任何分部分项工程在没有交底前不得进行施工作业。省南粤交通公司所属各单位通过固化施工班组的安全技术交底制度、交底程序、明确相关交底责任人等,解决交底过程中存在的重形式、轻效果和无责任考核机制等问题,形成一套能有效推广的流程、方法和模式,从而实现施工班组交底程序化、标准化、规范化,提高了一线班组人员的"基本功"。

安全技术交底按照分级、分层的原则依次进行,即:项目技术负责人→部门负责人、专业工程师或班组长→施工班组。各工种的安全技术交底应根据施工进度、施工部位分阶段多次交底,不可图省事一次性交底。安全技术交底要有针对性,施工项目技术负责人应根据施工组织设计或者安全专项施工方案的安全技术措施,结合具体施工现场作业环境,制订出全面的安全技术交底内容。交底内容主要包括:工程施工作业的特点、风险源和危险因素分析;工程安全技术要点、主要防护设施设置及现场施工安全注意事项;施工作业人员应遵守的安全操作规程和规范;施工作业人员发现事故隐患应采取的措施和发生事

故后应及时采取的躲避和急救措施等。

安全技术交底必须以书面形式进行,并严格履行交底签字手续,交底人、接底人、安全监督人和监理单位均应签字。做好安全技术交底工作是对施工组织设计、专项施工方案的进一步细化、优化和落实,让施工管理、技术人员和一线作业人员了解和掌握相关作业项目的安全技术操作规程和注意事项,大大降低因违章操作导致事故发生的概率。

二、强化手段,推行信息化管理

随着社会的发展,计算机和互联网技术的普及,信息化管理以其便捷、高效、规范等优点逐渐取代传统的管理方式,信息化建设已成为时代发展的必要条件,省南粤交通公司所属项目均已实现了信息化管理。通过运用信息化手段,能进行精细化设计和施工,建立互联协同、科学管理的信息化、智能化管理,能有效提高安全生产管理效率。

安全生产信息化的管理方式能高效地收集、处理、存储安全生产信息,有利于企业快速、高效地实时对现场进行安全管理,进而降低管理成本;有利于对施工现场进行全面、及时、重点监控,从而有效减少生产安全事故的发生,尽最大可能地避免人员伤亡,真正贯彻落实以人为本的基本理念。因此,高效的信息化建设与应用是促进工程安全管理和工程项目安全顺利运行的可靠保障。

(一)机械管理信息化

1. 二维码信息管理系统

特种设备二维码信息管理就是利用网络平台,赋予每台设备特定二维码,以二维码为接口,用移动设备实时管理存储于网络平台的相关信息,如资质、证件、人员、方案、隐患、检查和使用记录等,实现日常检查维护过程中及时调阅信息,并通过网络及时反馈给管理人员的功能,进而实现"一机一码",将特种设备的档案管理电子化、信息化。

在现场巡查检查时可以随时通过二维码调出并下载设备的相关检查依据,如施工方案、安全检查表、隐患整改情况等,并一一对照检查。这样避免了在检查时不带表格或方案容易造成检查要点遗漏或对方案标准把握不准确等情况,可随时现场校核。检查完毕之后可将填写的检查表及时发给相关管理人员进行整改;也可以及时查看隐患的整改情况,并现场核实,实现信息化隐患排查。

例如,云湛项目全线推广二维码标识牌(图3-1),工作人员只需拿起手机扫一扫二维码,一个详细的双标化管理说明文件便呈现在眼前,包括每项工作的定义、在施工生产过程中应注意的问题等,文件也可保存至手机,方便随时随地查看,并向现场施工作业人员普及安全知识。通过微信扫一扫,即可掌握施工要点及作业效果,方便快捷。

图 3-1　云湛项目 TJ10 标二维码技术交底及危险告知

2. 大跨径桥梁架桥机监测系统

实时监控系统应用了现代互联网信息管理技术，通过监视、控制、管理等手段，实现操作安全控制、危险临界报警、现场实时显示和数据记录保存等功能，同时达到运用视频和音频技术实时显示和记录工作状态、事后回放的功效。

架桥机安装视频监控采集系统（图 3-2），能对架桥机进行安全监测预警和信息化管理，在行走、吊装过程中实时动态监控风速、倾斜度、移动速度等指标，当安全指标不合格时自动锁定。系统可有效地对架桥机不良运行状态发出声光报警，及时预防架桥机事故的发生；系统保存的数据信息对分析架梁过程中架桥机的状态有重要的价值。

a)

b)

图 3-2　架桥机监测系统

3. 路面施工机械安全管理系统

路面摊铺机、压实机等设备均安装倒车影像系统装置和倒车报警提醒装置或倒车雷达(图3-3),可以拓宽视野,减小碾压作业过程中的盲区;精确探测障碍,判断车后障碍物的距离、方位和所在区域;警情提醒,提示驾驶员和周围施工人员。

a)　　　　　　　　　　　　　　b)

图3-3　路面施工机械倒车影像与报警提醒装置

(二)隐患排查信息化

1. 安全隐患排查系统

龙怀高速公路2017年初研发了一款隐患排查手机App,可实时上传安全隐患至大数据平台,并跟踪处理。项目管理者通过手机App就可以实现对工地的安全管控,实时查看工地安全隐患及整改情况(图3-4)。该手机App的投入使用,实现了建设单位安全生产隐患上报、整改、闭合、归档全过程管理,能有效落实日常安全检查与隐患整改线上信息化,简化线下工作流程,大大提高日常的安全管理效率。

图3-4　安全隐患排查App系统

2."钉钉"软件平台

采用"钉钉"软件平台,除了在微信和 QQ 上通报问题,还在"钉钉"上编制整改通知书和整改回复单。省南粤交通公司所属各单位专职人员在检查时发现的问题能及时通过软件上传,加强移动端安全办公处理,大大提高了安全管理的效率和时效性。图 3-5 为揭惠项目"钉钉"软件平台。

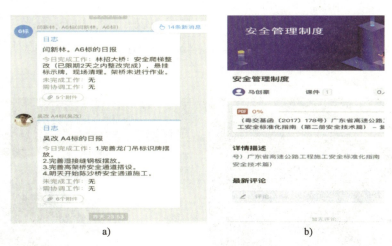

图 3-5　揭惠项目"钉钉"软件平台

（三）安全监控信息化

在隧道、桥梁等重要工点,通过信息化手段,全方位无死角监控施工现场,以信息化保障施工安全,使管理者能第一时间了解施工现场的工程进度与安全管理情况,发现并制止施工中的不规范行为,及时通知相关负责人进行现场整改。管理者还可远程监督整改过程,有效增强施工现场安全风险管控力度。

1.隧道安全监控信息化

隧道监控是公路工程中安全监控信息化的重要表现形式。由于隧道穿越的围岩类别多、变化大,而勘探工作的密度有限,实际围岩类别与设计提供的围岩类别有出入。在隧道施工过程中,因塌方、不良地质灾害等造成的财产损失和人员伤亡时有发生,其教训是惨痛的。加强隧道施工全过程监控量测,实现信息化管理,及时掌握围岩变形与支护动态,掌握施工作业情况,建立合理的安全信息分析与反馈系统,是非常必要的。

（1）隧道监控与管理系统。

省南粤交通公司高度重视安全的重要性,为确保隧道施工安全生产,各项目充分利用互联网信息管理系统与视频监控系统对进入隧道作业人员进行实时动态监管。例如,将

"互联网+重要工点视频监控"的理念和技术引入建筑工地,沿线各个重点控制性施工作业点均建立了视频监控系统,通过互联网将视频监控信息实时传输到相关管理者的电脑或手机上,使管理者第一时间了解施工现场的工程进度与安全管理情况;研发并投入使用安全大数据分析系统,针对录入的问题和检测数据进行统计分析,及时了解施工现场安全情况,督促施工单位落实整改,为管理者提供决策依据。

(2)隧道精确定位系统。

隧道精确定位系统是一个涉及视频监控技术、传感技术、LED(发光二极管)显示技术、射频识别技术等多领域技术的先进系统。图3-6、图3-7分别为仁博项目仁新段隧道监控与定位设备。

 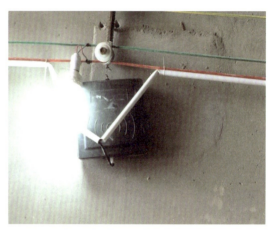

图3-6　仁博项目仁新段隧道监控设备　　　　图3-7　仁博项目仁新段隧道定位设备

工作人员佩带一个定位卡,当其进入隧道后,只要在隧道网络覆盖范围内,在任何时刻任意位置,基站都可以感应到信号,并上传到信息工作站,经过软件处理,得出具体信息(如人名、位置、时间等)。同时,可以动态(实时)显示在监控中心的电脑或隧道外的LED大屏幕上,并做好备份,监管人员可随时观察到隧道内工作人员的即时区域位置,实现隧道内人员精确定位。

隧道采用智能门禁及监控系统(图3-8),对进出洞人员数量、工种、时间、洞内分布及各工序情况进行实时监控。具备人员路径跟踪、考勤统计、遏制超定员生产、防止人员进入危险区域、及时发现未按时出洞人员、应急救援与事故调查技术支持、准确了解掌子面工作人员情况等功能。

一旦隧道内发生突发情况,隧道内人员可通过所携带的定位卡(识别卡)发出警报。隧道内人员只要按下定位卡上的报警按钮即可报警,并且监控室的动态显示界面会立即弹出红色报警信号。根据电脑中的人员定位分布信息,可以马上确定事故地点的人员情况,以便帮助营救人员准确快速营救出被困人员。

a)   b)

图 3-8 隧道安全监控系统

（3）门禁系统及语音呼叫系统。

隧道洞口设置人车分离的门禁系统，洞口设置值班室，进洞人员及车辆必须经过登记后方可进洞，且人道和车道采用防护网分离。语音呼叫系统即通过有线网络，在洞内安装紧急电话和语音呼叫喇叭，实现洞内与洞外的联系沟通，若有紧急情况发生，可立即通过语音呼叫系统与洞外联系，随时进行应急救援。

2. 桥梁安全监控信息化

利用视频监控系统，更有助于建设、监理单位进行特大桥梁施工现场的监管。如怀阳项目通过"互联网+施工平台"，在监控室能及时通过实时画面看到现场施工情况，有助于财产安全管理以及现场施工安全隐患排除，对施工人员安全作业行为进行实时监控，发现问题及时提出并督促整改（图3-9、图3-10）。通过监控录像功能，管理人员可以通过回放器查询录像文件，保证事后有据可查。

图 3-9 怀阳项目 TJ10 标西江特大桥视频监控

图 3-10　怀阳项目视频监控室运行情况

3. 路面施工信息化

针对交叉作业频繁,临时通行车辆超速、变道频繁,尤其夜间行车安全监管压力大等路面施工期间的突出问题,仁博项目仁新段基于导航技术、地理信息系统技术、云技术、智能手机等先进技术产品,研发了一款采用"云平台+安卓手机 App"模式、简便实用的信息化产品,实现沥青路面施工过程中对各种车辆更为有效的安全监管,探索深化"互联网+"在高速公路建设期智能交通管制的实践应用,具有较强的应用价值和推广意义,该项成果在国内高速公路建设中尚属首创,已获得国家知识产权局颁发的《实用新型专利证书》(图 3-11)。

a)　　　　　　　　　　　　　　b)

图 3-11　仁博项目仁新段车辆监管系统专利证书和安全监管平台

安全生产信息化不是一蹴而就的,省南粤交通公司通过不断改进和发展,将自身的需求与信息化建设有机结合,同时采取信息化手段,将生产建设的全过程进行系统化、集成化,从而降低了工程建设安全风险,实现高效的安全生产管理。

第二节 以机械化、装配化手段助安全

安全生产管理的实质就是不断完善安全生产条件。在生产过程中,技术装备是安全生产"人、机、环境"三要素中的重要因素,需高度重视技术装备在安全保障体系中的重要作用,消除"机"隐患。省南粤交通公司积极推广安全防护设备设施的工具化、定型化、装配化,大大提高了安全生产防护条件。

全面推进智能化、自动化、机械化作业,实现作业人员从进城务工人员到产业工人的转变,是保障工程安全的切实举措。省南粤交通公司广泛推广应用自动化、机械化、智能化设备,大力推行以智能化代替人工,努力形成各工序智能参与、智能分析、智能检测的施工过程,提高了工程安全,保障了施工作业安全,助力"品质工程"建设。

一、桥梁施工安全防护

(一)桥梁墩台施工平台装配化

1. 装配式盖梁施工平台

在桥梁盖梁施工过程中,怀阳、新博项目在全线推广使用定型化安全爬梯+装配式盖梁施工平台。定型化装配式盖梁施工操作安全标准化防护平台,采用角钢制作成长6m×宽0.8m×高1.5m、长4m×宽0.8m×高1.5m的标准节,标准节防护栏杆由上、中、下三道横杆组成,上杆离平台面1.5m,每道横杆间距0.5m,每隔2m设置一道立杆,标准节强度、刚度满足施工要求。整体装配式安全爬梯自带四周防护网,便于拆装,安全可靠,且有检验报告,严格按照审批的爬梯施工方案施工。安全爬梯与盖梁作业平台间搭设安全通道,通道满铺木板并固定牢靠,两侧设置牢固临边护栏,选用装配式护栏(配有牢固的安全网和挡脚板)。盖梁操作平台使用1.5m高防护网片和角钢组合而成的定型防护栏杆,防护网片自带防护网和15cm高挡脚板。图3-12与图3-13分别为怀阳项目TJ4标和仁博项目新博段装配式盖梁施工平台。

图 3-12 怀阳项目 TJ4 标装配式盖梁施工平台

图 3-13 仁博项目新博段装配式盖梁施工平台

2. 装配式桥面临边防护

在桥面系施工过程中,怀阳项目采用了定型化桥面临边安全防护(图 3-14)。定型化桥面临边安全防护栏较传统钢管护栏更加轻便灵活,安装、拆卸、运输方便,安装和拆除可由 1 人独立完成,而且可重复周转使用,性价比高,经济美观大方。定型化桥面临边安全防护栏杆使用钢方通焊制,防护栏设置了 2 道横杆,并每隔 2m 设置一道立杆,底部设置 18cm 踢脚板,标准节底部采用铁丝与护栏预埋钢筋连接牢固,并挂设过塑钢丝网,每隔 6m 设置安全警示标牌,顶部横杆张贴反光警示贴。该定型化桥面临边安全防护结构稳定,强度、刚度满足施工安全要求,整体结构形式、规格尺寸满足安全标准化的要求。

(二)防撞栏施工安全设备

防撞栏施工过程中存在高处坠物、物体打击、机械伤害等风险,为更好控制和避免上述风险,在原有外护栏模板台车的基础上又制作了护栏浇筑安全防护绳、隔离带护栏平台和外挂式吊篮等新设施。

图 3-14 怀阳项目 TJ8 标装配式桥面临边防护

1. 护栏模板拆装台车

防撞栏施工分内侧(中央分隔带)和外侧防撞栏施工,护栏模板拆装台车由行走系统、挂篮系统、起重系统组成。台车能自由行走,具有起重吊装模板功能,一次可完成 10m 模板的拆装,同时台车设置护栏外施工挂篮,提供了安全的作业环境,大大减轻工人的劳动强度,操作空间较大,安全系数高。同时,使用护栏台车可一次性完成 10m 模板的拆装,减少了模板拼缝,提高了模板拼装效率及护栏外观安全,节省了劳动力。图 3-15 为龙怀项目龙连段护栏模板拆装台车。

2. 隔离带护栏作业台车

中央分隔带防撞栏施工时,作业空间狭小,一般约 1m,外侧的护栏模板作业台车仅能对模板进行初步安装,其台车的人员作业平台无法进入防撞栏中间,导致在进行模板外侧下端的螺栓固定、调校等作业时人员没有可靠的平台。

隔离带护栏操作平台由移动滚轮、台车骨架、安全爬梯、吊篮组成,可以给作业人员提供操作平台。吊篮底部放置有模板,人员站立稳固,移动自由,在吊篮两侧与台车骨架连接处均可悬挂安全带,保证了作业人员自身安全,同时底部放置模板防止杂物坠落,保障了隔离带下方作业人员的安全，同时人员移动便利，提高了作业效率。图 3-16 为仁博项目新博段隔离带护栏操作平台。

图 3-15　龙怀项目龙连段护栏模板拆装台车

图 3-16　仁博项目新博段隔离带护栏操作平台

3. 护栏现浇作业安全带简易系挂系统

防撞栏进行混凝土浇筑作业时，人员需在防撞栏模板上方进行振捣浇筑作业，现有各类平台均不方便人员作业，本系统解决了人员作业时的安全问题。

在护栏模板两侧上下分别焊接四个圆环，在圆环中插入两根钢筋，在钢筋的顶部分别设置两个圆环，钢丝绳从两圆环中穿过，并分别固定于模板的两侧。在模板上方形成了可靠的安全带系挂系统，人员浇筑混凝土的过程中，可将安全带悬挂于上方，确保了安全带"高挂低用"，同时人员移动更为方便，提高了作业效率。防撞栏模板拆除后，需要对防撞栏进行装修处理，外挂式简易吊篮解决了人员作业的平台问题，可直接由桥面行走至防撞栏外侧。图 3-17 为仁博项目新博段护栏浇筑安全防护绳使用情况。

a)

b)

图 3-17　仁博项目新博段护栏浇筑安全防护绳

(三)泥浆池标准防护

传统桩基施工泥浆池三池分设并开挖成标准的长方形,四周用水泥砂浆护面,承台基坑规范开挖,四周统一采用装配式栏杆进行围挡。临边用特制铁马栏杆紧密围护,平台洞口防护采用钢管加工且刷红白警示漆的栏杆紧密围护,栏杆上悬挂警示标识标牌,防护效果良好。

而装配化钢制泥浆池,通过制作钢板标准件并进行焊接,临边防护采用预制的钢护栏网片进行组装。实现了泥浆池设备化、工厂化,现场安装拆卸方便,分块尺寸也可根据现场需要定制,钢护栏网片安装方便,安全美观,也有利于现场文明施工及环境保护。

与传统泥浆池相比,装配化钢制泥浆池刚度大,更加安全、稳定,能够确保泥浆不外溢,同时泥浆池可以重复使用,工厂化生产预制大大节省了施工时间,提高施工生产效率。图 3-18 和图 3-19 分别为广中江项目泥浆池及基坑标准防护和南三岛大桥项目泥浆池防护图。

a)

b)

图 3-18 广中江项目泥浆池及基坑标准防护

a)

b)

图 3-19 南三岛大桥项目泥浆池防护

（四）承台钢套箱整体吊装

怀阳项目实行精细化管理，严格督促施工单位落实安全责任，积极推进危险作业机械化、自动化。如西江特大桥 21 号、22 号主墩承台钢套箱采用浮吊进行整体吊装，大大减少了施工人员在深水中的作业时间，同时极大地提高了工效，确保了水上施工安全，推进了安全防护标准化发展。图 3-20 为怀阳项目 TJ10 标主墩承台钢套箱整体吊装现场图。

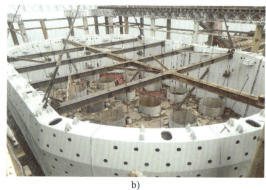

a)　　　　　　　　　　　　　　　　　b)

图 3-20　怀阳项目 TJ10 标主墩承台钢套箱整体吊装

二、隧道施工安全防护

（一）新型聚乙烯逃生管道

为了增加隧道施工事故的逃生概率，便于事故救援，需要在隧道掘进面铺设逃生管道。现有逃生管道多采用大管径钢管，重量大，搬运和连接施工困难。为了方便和安全，省南粤交通公司联合第三方，研发了一种超高分子量聚乙烯组合物，不但挤出性能大大提高，而且制成的逃生管道物理机械性能更好，物理机械性能和抗冲击性能较常规逃生管道提高 30% 以上。图 3-21 和图 3-22 为揭惠项目和龙怀项目连英段新型聚乙烯逃生管道。

图 3-21　揭惠项目新型聚乙烯逃生管道　　　图 3-22　龙怀项目连英段新型聚乙烯逃生管道

（二）隧道施工拉帘式风带

目前，隧道施工通风风带一般采用风带移动或者风带搭接安装等简易方法安装。风带移动作业时，由于风带自重及风带与隧道衬砌和隧道内杂物的摩擦，极易造成破损；而且风带搭接时，由于风带整体接缝较多，造成通风过程中漏风较多，影响通风效果。另外，传统风带安装时，往往需要大型机械配合，费时费力，且不易操作，在外观上不圆顺，不美观。针对目前公路隧道通风风带安装和移动时操作不便、安装使用效果不佳等问题，省南粤交通公司研发了一种适用于风带安装和移动的新型拉帘式装置，用于隧道施工中主要污染源的稀释和排除，保障施工人员的身心健康。该装置可以实现风带的纵向移动，同时控制风带与隧道衬砌的距离，避免风带被杂物损坏。风带移动安装可实现单人操作，节约了施工成本，降低了施工风险。图3-23为揭惠项目拉帘式风带装置。

图3-23 揭惠项目拉帘式风带

三、定型化桥梁施工安全爬梯

之字形定型化桥梁施工安全爬梯是指采用脚手架系列产品组合而成，专门用于高度40m以内桥梁墩柱施工的垂直通行系统。其脚手架主要构件为立杆、横杆、斜杠、横撑、楼梯、扶手及可调节底座，增强了横杆和立杆之间的摩擦，加上独立插销穿插自锁功能，具有可靠的双向自锁功能。整体三维空间结构强度高、整体稳定性好，可更好地满足施工安全需要，增强了系统通道的整体稳定性。图3-24为龙怀项目连英段之字形定型化桥梁施工安全爬梯。

图3-24 龙怀项目连英段之字形定型化桥梁施工安全爬梯

四、其他装配化防护设备

（一）安全通道设备

立柱和盖梁施工均搭设爬梯，为进一步减少坠物伤人隐患，省南粤交通公司提出了有爬梯必须有安全通道的要求，强制性推出"爬梯＋安全通道"这个概念，同时，为了施工方便，设计了 L 形和 I 形两种适用各种施工状况的形式（图 3-25）。

a)

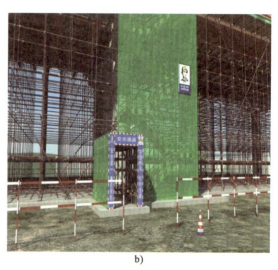
b)

图 3-25　施工现场 I 型和 L 型"爬梯＋安全通道"

（二）施工现场临时用电防护设备

现场采用三级配电、两级漏电保护、TN-S 接零保护系统（三相五线制系统），严格做到"一机、一闸、一漏、一箱、一锁"；现场变压器采用围挡或钢管加工且刷红白警示漆的栏杆进行围蔽；栈桥施工电缆用铁盒封闭围护。图 3-26、图 3-27 分别为广中江项目变压器标准防护和电缆标准化铺设防护措施。

图 3-26　广中江项目变压器标准防护

图 3-27　广中江项目电缆标准化铺设防护

五、工厂加工机械化

液压联合冲剪机具有很多优点,比如其是采用液压传动,整个液压联合冲剪机的结构设计非常合理,方便人员进行操作,并且自重轻,便于使用和运输。在工作中产生的噪声低,整体设计轻便可靠,即使是承载较重的荷载,也不会影响使用性能。液压联合冲剪机自带有双联动、冷却及自动压料系统,具备可冲孔、折弯等功能,能对施工现场中常用到的角钢、槽钢、工字钢、H型钢、方钢、圆钢、板材等型材进行冲剪加工、剪角、切口,以此替代传统的人工切割操作。液压联合冲剪机的整机机架强度高,不易被损坏,既排除了老式机械剪切机齿轮转动部分易损、易坏、噪声大及安全性能低等缺点,又排除了液压剪切机液压元件及电器部分易故障和渗油等导致出现安全隐患的缺点;在冲孔过程中不会产生铁屑,不存在铁屑飞溅现象,整机操作简单方便,大大提高了施工人员操作的安全性。图3-28为仁博项目仁新段使用的液压联合冲剪机。

a)　　　　　　　　　　　　b)

图3-28　仁博项目仁新段液压联合冲剪机

六、施工作业机械化

(一)胶轮压路机全自动喷淋系统

传统胶轮防黏轮措施是专职人员紧跟在压路机后面,用拖布蘸食用油,跟着胶轮行走方向,人工涂刷隔离油。在沥青结构层摊铺过程中,施工节奏快,工人很容易产生疲劳,稍有不注意易造成人员伤害;且在蘸油涂刷过程中,油渍很容易污染其他结构物。采取全自动喷淋系统喷洒隔离剂,既保证了施工安全和进度,又节省了人工,降低了安全风险。图3-29为云湛项目化湛段使用的胶轮压路机全自动喷淋系统。

a)　　　　　　　　　　　　　　　　　　b)

图3-29　云湛项目化湛段胶轮压路机全自动喷淋系统

（二）隧道混凝土湿喷机

传统使用的干喷施工工艺，作业工人紧靠掌子面施工，且投入施工人员多，不能有效保证不良地质地段施工人员的安全。使用隧道混凝土湿喷机，推行隧道初期支护喷射混凝土湿喷工艺，操作人员可以相对远离掌子面进行操作施工，可降低施工人员安全风险。采用湿喷机，投入人员较少，可优化劳动力。图3-30、图3-31为隧道混凝土湿喷机及其现场作业图。

图3-30　隧道混凝土湿喷机　　　　　　　　图3-31　湿喷机现场作业

（三）隧道三臂凿岩台车

传统的隧道施工工艺已不能满足国家对环保、低耗能、经济性和高安全的要求，而三臂凿岩台车的施工工艺环境污染少、安全系数较高、成本低、消耗能量少，与传统的隧道施工开挖工法相比有着显著的优势，是一种值得广泛推广，较为经济、先进的施工工艺。图3-32为大丰华项目隧道三臂凿岩台车。

（四）电动液压式夹轨器

龙门吊选取安装电动液压式夹轨器，在停止施工时，电动液压式夹轨器可自动将门式起重机锁定在轨道上,以防止受意外推力时而滑动。夹轨器在大车行走状态自动开启,其他状态自动夹紧。控制系统采用西门子 PLC 系统,在不改变原机操作动作前提下,通过 PLC 系统将起重机行走机构的行走与停止、制动器的开启与制动、夹轨器的开启与夹紧等动作实行自动控制,提高了整机稳定性及安全性。图 3-33 和图 3-34 分别为清云项目和怀阳项目电动液压式夹轨器。

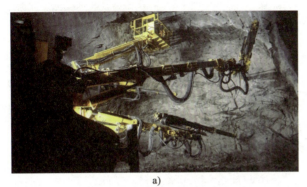
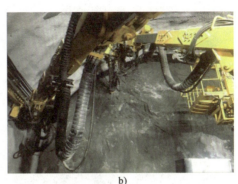

a)　　　　　　　　　　　　　　　　b)

图 3-32　大丰华项目隧道三臂凿岩台车

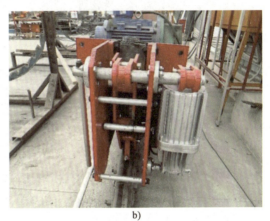

a)　　　　　　　　　　　　　　　　b)

图 3-33　清云项目电动液压式夹轨器

a)　　　　　　　　　　　　　　　　b)

图 3-34　怀阳项目电动液压式夹轨器

（五）移动式机械臂托架作业钻孔机

在机电工程施工过程中，桥梁段的主线管道与外场设备光、电缆敷设所需的管、箱需要在桥梁护栏外侧通过，管、箱安装于钢制托架上，钢制托架间距一般为2m。传统的施工通常采用外挂在护栏上的吊篮作为施工平台，作业人员站在吊篮中进行托架安装孔的打孔作业。每完成一处打孔作业，施工人员需搬动吊篮至下一个托架处，钢制托架设计间距一般为2m，移动频繁，施工人员工作强度大、效率低，施工成本高且存在较大安全隐患。仁博项目仁新段采用桥梁处管、箱托架安装的移动式机械臂钻孔装置（图3-35），施工人员站在护栏内侧桥面上操作机械臂进行打孔作业，从而减少了施工人员高空作业时间，降低了高空作业风险，同时减轻了工作强度，提高了工作效率，降低了施工成本。

图3-35　仁博项目仁新段移动式机械臂托架作业钻孔机

每套机械臂钻孔装置包括1个机架，机架上按需设置钻孔机（根据托架安装孔数量而定），机架上设有带动机架移动的滚轮及钻孔拉杆装置。施工作业时只需将机架放置在桥梁护栏上，通过机架滚轮移动到所需钻孔的位置，启动钻孔机，并拉动钻孔栏杆装置进行流水线钻孔作业。使用本钻孔装置，托架孔距与钻孔位置均可根据施工图要求事先进行设置，托架、管箱安装后线形顺直，安全提升效果明显。相对于吊篮作业，采用移动式机械臂进行托架打孔作业，工人站在桥面上操作机械臂钻孔装置进行打孔，无需高空作业，大大降低了安全风险。

（六）隧道机电施工平台作业车新技术

隧道内机电工程项目施工特点为交叉作业繁多，隧道内能见度低，各施工单位工期紧、任务重等。在传统现场施工时，灯具底座和桥架支架定位、划线、打孔、安装以及灯具接线等工作均采用移动脚手架作为支撑平台，施工时需要多人推动，路面不平整时需将脚手架整体抬起并扶稳，缓慢向前移动，耗费大量的时间和人力。作业人员在平台上施工，距地面有一定的高度，脚手架整体不够稳固，存在一定的安全风险，工作效率低，安装完毕后整体线形较差。

为确保现场施工安全，提高工作效率，仁博项目仁新段隧道机电施工现场引入了施工平台作业车（图3-36）。施工平台作业车安全性能高，作业平台安装于车上，设有上下直爬梯，方便施工人员上下攀爬。四边采用钢支架固定于车厢上，并采用焊接方式与车厢连为一体,整体重心位于车身下半部分,由车轮胎受力,作业平台更加稳固。在施工平台作业车上加装4盏LED隧道灯,分别朝四个不同的角度照射,施工区域更加明亮。在平台四周分别挂4段垂直彩带和水平彩带,以及挂设各种安全警示标牌,不同颜色的变换在能见度低的隧道洞内变得格外显眼,能时刻提醒各施工人员注意安全。施工平台作业车能大大缩减作业人员的体力劳动,施工人员每完成一道工序,进入下一个作业点时,无需再爬下施工平台作业车,只需要施工人员站在车厢上,牢挂安全带,扶稳作业平台的立杆,等待驾驶员缓慢、平稳地将施工平台作业车开到下一个施工区域,无需多人推动作业平台进入下一个施工点,能大大减少劳动力,节省人力资源,提高工作效率。

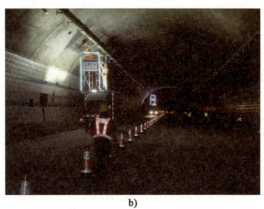

a)　　　　　　　　　　　　　　　b)

图 3-36　仁博项目仁新段机电施工平台作业车

除以上机械化作业外,省南粤交通公司所属各项目结合各自特点,自主推进自动化、机械化作业。例如,预制梁厂使用不锈钢模板、钢筋胎膜、数控张拉压浆、喷淋养护实时控制、架空电轨安全滑触线供电等设备,既全面提升预制安全,又保障了作业的安全高效。同时,省南粤交通公司也积极推进危险作业自动化、机械化,以机械化生产替换人工作业、以自动化控制减少人为操作,大力提高企业安全生产科技保障能力。

第三节　以落实标准化、创新树标杆促安全

一、精益求精,落实标准化

安全标准化管理是提升工程施工安全管理水平,防止和减少生产安全事故的重要举措。省南粤交通公司立足项目,全员、全过程、全天候安全管理,面向基层参建单位,突出

重点难点问题,明确设定了符合实际、可操作、能执行的安全生产管理行为标准,着力于构建高速公路施工安全管理体系,建立实操性好、务实高效、持续改进的运行机制,通过企业主体责任的落实来实现安全生产管理制度落地生根,从而为施工安全标准化管理提供基础支撑,发挥统领作用。省南粤交通公司以《广东省高速公路工程施工安全标准化指南》为基础,精益求精,大力推进安全标准化管理,通过及时修订和完善各项安全管理制度、标准,认真落实各项作业安全审批确认制度,切实保证安全责任到人,安全预案制订到位、技术措施实施到位、安全监护监督到位,真正实现了安全工作管理标准化。

(一)施工现场安全标志标牌标准化

省南粤交通公司结合《广东省高速公路工程施工安全标准化指南》,统一规范工程项目的安全标志标牌,从标志标牌尺寸、形状、制作材料、设置位置、维护管理方面做出了详细的规定,主要有以下方面:

(1)安全标志标牌设置在存在危险因素的场所和设备、设施上,标志标牌易于辨认,位置醒目、合理。

(2)安全标志标牌按照标准化管理,即以统一的格式制作、安装和设置,规范现场安全生产及文明施工。

(3)督促施工单位定期对安全标志标牌进行检查、维护,保持清洁醒目、完整无损;若发现标志标牌破损、变形、遗失或缺少时,应及时修整、更换或补充。

(4)督促施工现场道路交通标志标牌严格按照现行《道路交通标志和标线》(GB 5768)要求执行。

(二)路基施工安全标准化

路基工程应控制施工可能导致周边环境受到影响或发生不利事件的安全风险。建设单位组织的设计安全交底中应明确施工现场及毗邻区域内地下管线、地下工程、相邻建筑物和构筑物的有关资料,提供并保证资料的真实、准确、完整,施工单位在开挖过程中应小心验证资料的真实性、准确性。施工单位应对工程影响范围内的周边环境进行全面核查,当实际状况与设计出入较大时,建设单位应组织设计、施工等单位补充完善工程措施。在路基安全施工标准化方面,省南粤交通公司针对所属工程项目,重点在施工便道和边坡施工两方面提出了具体的要求。

1.施工便道

省南粤交通公司针对施工便道的标准化形成了如下具体要求:

(1)双车道施工便道宽度不小于6.5m;单车道施工便道宽度不小于4.5m,并按要求设置错车道,间距不大于300m。

(2)路拱坡度应根据路面类型和现场自然条件确定,并大于1.5%。

(3)施工便道应根据需要设置排水沟和圆管涵等排水设施。

(4)施工便道在急弯、陡坡、连续转弯等危险路段进行硬化时,设置警示标志与防护设施;与既有道路平面交叉处设置道口警示标志,有高度限制的设置限高架。

(5)施工便桥根据使用要求和水文条件进行设计,设置限宽、限速、限载标志,建成并验收后方可使用。

部分项目施工便道如图3-37、图3-38所示。

图3-37 仁博项目仁新段TJ1标施工便道　　　　图3-38 怀阳项目TJ4标施工便道

2.边坡施工

省南粤交通公司针对边坡安全施工的标准化形成了如下具体要求:

(1)边坡施工按照自上而下分级进行的原则,开挖一级、防护一级,严禁立体交叉作业。

(2)施工前检查坡体表面,及时清理坡面危石、悬石,并设置醒目的安全警示标志;不得在边坡下方休息或停留。

(3)框架梁作业时必须搭设牢固的落地式脚手架,严禁采用悬挑式脚手架。脚手架应按搭设方案搭设,验收合格后方可使用。

(4)坡面防护工程施工应挂设拦截式被动防护网。

(5)地质条件较差时,应设立观测点,掌握边坡位移情况。

部分项目的边坡防护如图3-39、图3-40所示。

(三)桥涵安全施工标准化

桥梁工程按要求进行施工安全风险评估,编制相应的总体、专项风险评估报告,并组织专家评审,施工风险评估应根据桥梁工程具体特点及环境进行。施工单位还对涉及危险性较大的基坑基础、大型临时工程及桥梁专项工程编制专项施工方案,并按照规模程度组织专家审查、论证。专项施工方案应包括针对性强的技术分析及安全技术控制措施,监理工程师应严格审查安全生产条件。省南粤交通公司对桥涵工程基坑开挖、桩基施工、墩柱施工、盖梁施工、悬臂浇筑、临边防护、梁体架设、桥面施工、涵洞施工等方面,均做出了标准化的安全施工要求。

图3-39　广中江项目TJ3标边坡支架搭设

图3-40　仁博项目仁新段TJ10标边坡临边防护

1. 基坑开挖

省南粤交通公司针对基坑开挖的安全施工标准化要求如下:

(1)深基坑遵循边开挖、边支护的原则。

(2)基坑顶面设置截水沟。

(3)基坑内必须设置专用人员上下通道。

(4)基坑周边1m范围内不得堆载、停放设备。

(5)深基坑四周距基坑边缘不小于1m处设立钢管护栏,挂密目式安全网,靠近道路侧应设置安全警示标志和夜间警示灯带。

部分项目的基坑开挖安全防护如图3-41~图3-44所示。

图3-41　清云项目TJ11标基坑安全围蔽

图3-42　龙怀项目龙连段TJ9标基坑安全围蔽

图3-43　仁博项目新博段基坑安全围蔽　　　　图3-44　云湛项目阳化段基坑安全围蔽

2. 桩基施工

省南粤交通公司针对承建项目的桩基施工经验进行了系统总结，提出了桩基安全施工标准化的一般规定，并对桩基安全施工标准化做出了详细的要求。

（1）针对桩基安全施工标准化的一般规定

①施工作业区域应设置警戒区。

②山坡上桩基施工应清除坡面上的危石和浮土；存在裂缝的坡面或可能坍塌区域应采取必要的防护措施。

③停止施工的孔桩，孔口应加盖防护，四周应设置护栏及明显的警示标志，夜间应悬挂示警红灯。

④钢筋笼下放应采用专用吊具，作业人员应规范作业。

（2）钻孔灌注桩安全施工标准化要求

①钻机安设应平稳、牢固。

②停钻时，钻头、钻杆应置于孔外安全位置。

③钻机电缆线接头应绑扎牢固，不得透水、漏电；电缆线不得浸泡于水、泥浆中，不得挤压电缆线及风水管路。

④钻孔桩孔口泥浆池周边应设置不低于1.2m高的防护栏杆，挂设过塑钢丝网，并设置安全警示标牌。

⑤冲击钻机的卷扬机须制动良好，钻架顶部设置行程开关。钢丝绳无死弯和断丝，钢丝绳夹数量与钢丝绳直径相匹配，并设置保险绳夹。

部分项目桩基施工安全防护如图3-45～图3-50所示。

3. 墩柱施工

省南粤交通公司总结历年承建项目墩柱施工经验，在交通运输部和广东省安全施工标准化指南的基础上，针对墩柱的安全施工标准化做出了系统的要求，具体如下：

图3-45　怀阳项目X2标桩基泥浆池安全围蔽

图3-46　龙怀项目龙连段TJ3标泥浆池围蔽

图3-47　仁博项目仁新段桩基泥浆池围蔽

图3-48　仁博项目仁新段TJ13标泥浆池围蔽

图3-49　仁博项目新博段TJ20标泥浆池围蔽

图3-50　仁博项目新博段TJ21标泥浆池围蔽

（1）施工作业现场外围须设置警戒区，设立安全警示标志标牌，禁止无关人员进入施工现场；索塔施工中，通往索塔人行通道的上方应设防护棚。

（2）施工前须设置安全爬梯，爬梯基础应平整硬化，周边做好排水设施，墩身高度在40m以上的宜安装附着式施工电梯。

(3)施工作业时必须搭设作业平台,平台满铺木板,并设置挡脚板,有坡度的须设置防滑条。

(4)高墩翻模、爬模随升安全护栏采用定制钢护栏,护栏高度不小于1.5m,并配置消防器材。

(5)墩柱钢筋骨架及模板应设置临时支撑,墩柱钢筋笼设立完成后,按规范要求设置风缆;模板螺栓需满上。

部分项目墩柱施工安全防护如图3-51～图3-54所示。

图3-51 仁博项目仁新段TJ13标高墩施工

图3-52 潮漳项目TJ2标立柱施工

图3-53 仁博项目仁新段TJ7标深渡水大桥墩柱施工

图3-54 仁博项目新博段墩柱模板防风张拉预制混凝土地锚

4.盖梁施工

省南粤交通公司总结历年承建项目盖梁施工经验,在交通运输部和广东省安全施工标准化指南的基础上,针对盖梁的安全施工标准化做出了系统的要求,具体如下:

(1)采用"摩擦钢抱箍托架法"时,抱箍应进行预压试验,检验抱箍的承载力;抱箍安装应采用力矩扳手确保高强螺栓紧固满足要求,紧固的螺栓数量须满足施工方案要求;采用"剪力销托架法"时,剪力销直径及外露尺寸应满足施工方案要求。

(2)盖梁施工托架支撑的横梁为工字钢(或其他型钢)时,采用中穿对拉螺栓的钢管支撑;横梁为拼装贝雷梁时,应拧紧螺栓。

(3)盖梁施工平台按规范要求满铺木板,四周设置挡脚板和防护栏杆;利用盖梁支架平台和脚手架等施工通道,紧跟施工防震挡块、支座垫石。

部分项目盖梁安全施工标准化建设情况如图3-55~图3-58所示。

图3-55 揭惠项目A4标盖梁作业平台

图3-56 龙怀项目龙连段TJ1标盖梁作业平台

图3-57 仁博项目新博段TJ17标盖梁作业平台

图3-58 云湛项目阳化段TJ12标盖梁施工

5.悬臂浇筑

省南粤交通公司针对承建项目的悬臂浇筑安全施工标准化做出了如下具体要求:

(1)悬臂现浇箱梁施工必须编制专项施工方案,各项临时支撑结构应进行专项设计,并对临时支撑结构的强度、刚度和稳定性进行验算;支撑结构体系搭设完成后须进行预压。

(2)后锚扁担梁精轧螺纹钢拧出螺母 3cm 以上,并进行双螺帽安全设置。

(3)箱梁 0 号块预留检查孔,并安装爬梯,便于人员从内部走到挂篮吊点工作面。

(4)悬浇施工时挂篮底篮、上横梁及其通道周边应设置临边防护设施,已完成的上部结构临边应设置防护栏和警示标志。

(5)在通航河流、公路、铁路、人行通道上方作业时,挂篮下应采取防坠物措施(兜底挂篮、防护棚等)。

部分项目悬臂浇筑安全施工标准化如图 3-59、图 3-60 所示。

图 3-59　潮漳项目 TJ7 标悬浇施工

图 3-60　龙怀项目龙连段 TJ11 标悬浇施工

6. 临边防护

省南粤交通公司针对承建项目的临边防护安全施工标准化做出了如下具体要求:

(1)桥面施工前,在梁面两侧设置防护栏杆,并挂设安全网。

(2)临边作业必须按照规范要求设置防护栏杆和挡脚板。

(3)明显部位按规定设置安全警示标志牌。

(4)立网和平网必须严格区分,决不允许混用。

部分项目临边防护安全施工标准化如图 3-61、图 3-62 所示。

图 3-61　云湛项目 TJ11 标水上作业平台爬梯

图 3-62　仁博项目仁新段 TJ3 标桥面临边防护

7. 梁体架设

省南粤交通公司针对承建项目的梁体架设安全施工标准化做出了如下具体要求：

（1）架桥机支腿处铺设垫木并进行临时固结，前后支点处须用枕木或型钢组合支撑，墩顶两侧用风缆固定。架桥机垫木使用硬杂物，一般不多于3层。

（2）架桥机电机设置防雨棚及检修平台，检修平台设护栏。

（3）架梁施工前必须在墩位处设置人行梯道、防护栏及安全网，深水施工应备救护用船。架桥机作业平台处设密目式安全网，人员行走平台及楼梯设置护栏。

（4）架桥机设置有效的限位器，架桥机轨道尽头设置缓冲器。

（5）每跨梁板安装完成后及时设置临边防护栏杆，并在湿接缝、整体式桥梁中央分隔带处设置防坠、防落网；梁板顶面如有预留孔应设置防护栏杆或盖板；防护栏杆上设置"禁止翻越""当心坠落"等警示标志。

（6）湿接缝防护一般设置安全防坠网，特殊路段满铺木板或者先行安装底模板。中央分隔带设置防坠、防落网，并在中央分隔带合适位置设置人行通道。

部分项目梁体架设安全施工标准化情况如图3-63、图3-64所示。

图3-63 仁博项目仁新段TJ14标梁体架设

图3-64 云湛项目新阳段TJ8标梁体架设

8. 桥面施工

省南粤交通公司针对承建项目的桥面安全施工标准化做出了如下具体要求：

（1）作业人员穿越中央分隔带时走专用通道，不得跨越左右幅间空隙。

（2）桥头两端设置警示标志、栅栏，非施工人员不得入内。

（3）桥面应按规定做好临边防护，防护栏杆的高度不小于1.2m，栏杆上设置密目式安全网与"当心坠落"等警告标志，桥下有人、车通行处应设置挡脚板。

（4）防撞栏施工采用"移动工作架"，满足安装模板、浇筑混凝土工作人员安全防护的需要。

（5）防撞栏施工过程中，桥梁下方有人、车通过时，桥下设警戒区，在适当位置设置"施工重地，闲人免进""当心落物"等警告标志，施工时设专人监护。

部分项目桥面安全施工标准化如图3-65、图3-66所示。

图3-65　云湛项目化湛段TJ31标桥面临边防护　　　图3-66　云湛项目阳化段TJ16标桥面临边防护

9. 涵洞施工

省南粤交通公司针对承建项目的涵洞施工安全标准化做出了如下具体要求：

（1）现场浇筑涵洞或通道时，支架、模板应安装牢固。

（2）涵洞或通道基础须设置排水设施。

部分项目涵洞施工安全标准化如图3-67所示。

a)　　　　　　　　　　　　　　　　　　b)

图3-67　云湛项目阳化段TJ15标涵洞施工移动台车

（四）隧道安全施工标准化

省南粤交通公司总结所承建隧道的安全施工经验，制订了隧道安全施工标准化的详细要求，具体如下：

（1）门禁系统：隧道洞口设置值班室，24小时专人值班，配置电子门禁系统和视频监控系统。洞口实行人车分流，对进出洞人员和车辆进行实名登记管理。

（2）通风系统：隧道内按规范设置管道通风系统，选择合适通风机、合理布置通风管道。送风式通风管的送风口距离掌子面不得大于15m，排风式通风管的送风口距离掌子面不得大于5m。

（3）监控系统：隧道施工采用远程监控成像系统，24小时对施工全过程连续监控。

（4）施工防护：衬砌台车、工作台车按规范要求设置防护栏杆、工作平台并满铺脚手板。作业台车安装防护霓彩灯及反光标。工作台架下净空必须符合设计要求，配置消防器材、应急物资箱。

（5）逃生通道：逃生通道距开挖掌子面应不大于20m，设置在二衬部位。逃生通道使用材料必须满足相应的安全性能要求，隧道掌子面采用36V安全电压。

（6）临时用电：隧道内严格按照"三相五线制""三级配电两级保护"配电；开关箱严格按照"一机、一闸、一漏、一箱"标准设置；安装、巡检、维修或拆除临时用电设备和线路由专业电工完成，并安排专人监护。

（7）爆破管理：从事爆破相关作业人员持证上岗，爆破材料设置专用仓库存储，并设专职人员管理，建立出入库审批流程，严格把关，做到账目清晰。

（8）隧道洞口设置应急库房，储备各类应急物资；隧道内设置应急逃生引导系统，有效引引导逃生路线。

部分项目隧道安全施工标准化如图3-68～图3-73所示。

图3-68　仁博项目新博段TJ16标隧道门禁系统

图3-69　龙怀项目英怀段TJ34标隧道通风系统

（五）跨路安全施工标准化

跨路施工作业由于影响到正常的车辆、人员通行，安全隐患多，必须予以足够重视。省南粤交通公司总结多年的跨路施工作业经验，针对跨路施工作业的安全施工标准化，从一般规定、交通导行、桁架式安全护棚、安全设施四个方面做出了详细的要求。

图 3-70　龙怀项目龙连段 TJ5 标隧道喷淋台架

图 3-71　龙怀项目英怀段 TJ33 标隧道逃生管道

图 3-72　仁博项目仁新段青云山隧道施工二衬台车

图 3-73　仁博项目仁新段内窥镜检测隧道初支混凝土密实度

1. 一般规定

（1）跨路施工作业按现行《道路交通标志和标线》（GB 5768）和《公路养护安全作业规程》（JTG H30）要求，按照不同公路等级、设计速度及施工工况布置作业控制区。

（2）跨路施工前应编制专项施工方案、交通疏导方案，组织安全评价，由施工企业技术负责人审核，必要时组织专家论证审查，按照专家意见修改完善，经有关管理部门批准，办理相应施工许可手续，并由总监办批复同意后实施。

（3）跨路施工尽可能封闭下方道路，为行人和车辆开辟新的临时道路。在无法封闭下方道路的情况下，搭设跨路桥梁安全防护棚。在公路或铁路上空进行桥梁吊装，应临时中断交通。

（4）现场作业车辆、机械必须配备作业警示灯，现场作业人员需穿戴具备反光性能的安全服和安全帽。

（5）跨路施工时，在施工点前（后）各搭设一座限高门架，贴红白或黄黑相间的反光膜或刷反光漆，并设置车辆限高、限宽、限速等标志牌及夜间警示灯。

（6）在跨路导行路段内，各种导行设施齐全，标志明显，标线准确，对施工区域尽可能进行封闭，无法封闭的应采用隔离围栏、警示路锥、反光水马等进行现场围挡。

(7)安全防护棚具备较强的防砸、抗冲击能力,防护棚长度大于自由坠落的防护半径,跨路桥坠落高度、防护等级和防护半径等相关要求按照《公路水运工程施工安全标准化指南》中相关规定,施工完成后应组织验收。

2.交通导行

在交通导行方面,省南粤交通公司形成了如下安全施工标准化要求:

(1)在安全防护棚搭设位置周边的路口,设立电子屏施工告示或柔性限高架及设置横幅,提前告知驾驶员前方有安全防护棚,提醒驾驶员按指示分流绕行和注意行车安全。

(2)施工期间,落实交通协管员24小时上路巡查,特别是夜间施工安排专人值班,定期安排人员对施工区域的临时交通安全设施及时进行清洗、维护、补充等,确保交通指引完整、有效。

(3)在进入下一步施工阶段的交通转换前,及时清理施工区域内的建筑垃圾,对施工造成的公路设施损坏的进行彻底修复后才开放封闭区内的交通。

(4)标示标牌设置于中央分隔带及两侧路肩处,均采用立柱进行固定;采用混凝土浇筑的护栏隔离单幅双向临时通行车辆,护栏之间相互连接成整体,并完善护栏的反光、警示标志。

部分项目的交通导行措施如图3-74、图3-75所示。

图3-74 潮漳项目TJ5标人员指挥疏导交通

图3-75 云湛项目化湛段TJ31标跨路交通导行

3.桁架式安全护棚

省南粤交通公司根据历年项目建设经验,针对桁架式安全护棚的外观尺寸、警示设施等方面做出了如下要求:

(1)防护棚基础外观尺寸和强度按照满足防碰撞的要求进行设计和施工,且满足承载力要求,基础上涂刷安全标志色(黄黑相间并反光),周边完善排水设施。当为临时对向通行时,防护棚条形基础之间用混凝土防撞墩进行车道隔离。

(2)防护棚立柱上贴反光膜或涂反光漆,侧面张挂安全网。同时防护棚应按坠落半径设置挑檐长度,双层防护棚顶板四周设钢管架与纵横梁可靠联系,并安装彩钢板,其上贴红白或黄黑相间反光膜或刷反光漆,其上沿需超出防护棚顶板面 0.6m,形成封闭围护,以防止跨线桥梁上部物件及施工材料抛物坠落影响下方行车。

(3)防护棚设置轮廓灯、警示灯、爆闪灯等设施。在夜间,警示灯持续亮灯,通道内需保证充足的照明。

部分项目的桁架式安全护棚设置如图3-76、图3-77所示。

图 3-76 云湛项目化湛段 TJ23 标跨路施工安全防护棚

图 3-77 广中江项目 TJ31 标安全防护棚挂网

4. 安全设施

省南粤交通公司针对跨路施工的安全设施做出了如下标准化要求:

(1)车道渠化采用交通锥、防撞墙、隔离墩、防撞桶、水马、附警示灯的路栏,按照不同公路等级、设计速度和施工工况参照《公路养护安全作业规程》(JTG H30—2015)布置。

(2)临时标线包括渠化交通标线和导向交通标线,采用易清除的临时反光标线;渠化交通标线为橙色虚、实线;导向交通标线为醒目的橙色实线。

(3)夜间施工需设置照明设施,照明设施布设在工作区侧面,照明方向应背对非封闭车道。

部分项目的跨路施工安全设施如图 3-78、图 3-79 所示。

图 3-78 云湛项目化湛段 TJ31 标跨路施工安全提示

图 3-79 仁博项目仁新段 TJ12 标跨路安全警示灯带

（六）临时用电安全标准化

针对临时用电安全，省南粤交通公司形成了如下标准化要求：

（1）严格按照"三相五线制""三级配电两级保护""一机、一闸、一漏、一箱"布置临时用电线路。

（2）配电箱必须做到重复接地。

（3）断路开关及漏电保护器符合安全要求。

（4）配电箱、开关箱、移动电箱装设在稳固支架上，高度满足要求，且设置可靠的防雨水措施。

（5）配电箱、开关箱、移动电箱应张贴电箱名称、编号、管理人员等信息标识和箱内巡视记录，值班电工应按要求做好日常检查、维修。

部分项目的临时用电安全标准化如图3-80、图3-81所示。

图3-80　云湛项目阳化段TJ17标变压器四周安全防护

图3-81　龙怀项目龙连段TJ9标临时用电布设

（七）特种设备安全管理标准化

针对特种设备的选用、安装、作业、改造、拆除等方面，省南粤交通公司形成了系统的安全管理标准化要求。

1. 一般规定

（1）特种设备具有出厂合格证、检验检测合格证及属地使用登记证，需证件齐全后方可投入使用。特种设备进场后，实施"一机一档"管理；定期对特种设备进行检查、维修及保养，并做好记录。

（2）特种设备的安装、改造、拆除等工作需由具备相关资质的单位承担，安装、拆除龙门吊、塔吊、架桥机等起重设备应编制安装拆除专项施工方案，并报总监办审批。

（3）特种作业人员必须持证上岗。

(4)特种设备作业现场应将相关证照放在醒目位置进行公示,并配置相关安全操作规程牌、机械设备标识牌、危险源告示牌及相关安全警示标牌。

(5)塔吊、龙门吊以及架桥机位于地势较高或处于雷电频发区时,宜设置避雷装置,并按照相关规定要求进行检查验收。

(6)起重作业前,必须严格检查起重设备各部件的可靠性和安全性。起重作业时,必须设专人指挥,有明显的信号指挥。吊索、吊具相关安全性能以及使用规程参照《起重机械安全规程 第1部分:总则》(GB 6067.1—2010)中相关规定。

图3-82和图3-83分别为云湛项目阳化段TJ13标特种设备人员证件和珠海连接线TJ12标特种设备"一机一档"。

图3-82　云湛项目阳化段TJ13标特种设备人员证件　　图3-83　珠海连接线TJ2标特种设备"一机一档"

2.塔式起重机

省南粤交通公司针对塔式起重机施工作业安全标准化做出了如下要求:

(1)塔吊基础需满足承载力和抗倾翻稳定性的要求,并完善基础周边排水设施。

(2)相邻2台塔吊之间任何部位(包括起吊重物)的空间距离都不得小于2m。

(3)遇到6级以上大风、大雨、大雾、雷暴等恶劣天气时,禁止起重作业,并根据实际情况加拉缆风绳进行固定。

(4)设备使用前,应对安全装置进行试运转并保留记录。

(5)塔吊按照规范要求设置接地保护,接地电阻不大于4Ω,重复接地电阻不大于10Ω。

(6)塔吊应有良好的照明,照明供电不受停机影响;塔身高于30m的塔吊,应在塔顶和臂架端部设置供电不受停机影响的红色障碍指示灯。

(7)施工作业前,应对塔吊起重量限制器、起重力矩限制器、行程限位装置等安全装置进行检查并做好保修记录。

（8）塔身顶升接高到塔吊规定锚固间距时，应及时增设与建筑物的锚固装置。塔身高出锚固装置的自由端高度，应符合出厂规定。

（9）塔吊在作业结束、临时停机或中途停电时，应放松抱闸，将重物缓慢放置地面、松钩，禁止将重物悬吊在空中。

（10）作业过程中必须按照指挥信号进行操作，对特殊情况的紧急停车信号，无论何人发出，都立即执行。

部分项目的塔式起重机施工作业及安全防护如图3-84、图3-85所示。

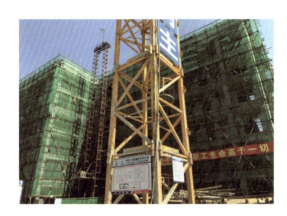
图3-84　仁博项目仁新段TJ7标塔吊施工

图3-85　龙怀项目英怀段TJ34标塔吊防护棚

3.门式起重机

省南粤交通公司针对门式起重机施工作业安全标准化做出了如下要求：

（1）龙门吊首次使用前进行试吊，并保留试吊记录。

（2）龙门吊在每日起重作业前进行空载运转，确认各构件运转正常、制动可靠、限位开关灵敏有效后，方可作业。

（3）露天作业的龙门吊桁架梁上不宜安装宣传标志标牌，避免增大阻风面积，当遇6级及以上大风或停止作业时，夹紧夹轨器，并加拉缆风绳进行固定。

（4）龙门吊非工作状态时应及时收回吊钩并靠端头停车，停止使用时锁紧夹轨器，临时停止时使用垫木固定，并将控制器拨到零位，切断电源。

（5）龙门吊轨道纵坡尽量保持水平，轨道接地电阻不应大于4Ω，轨道端头应设置防撞缓冲装置及车挡。

（6）龙门吊的起重小车、大车应设置行走、防冲顶限位器，作业前应检查行走、防冲顶限位器是否可靠有效。

（7）龙门吊吊钩处必须安装灵敏有效的防脱钩装置。

（8）龙门吊加装声光报警装置，行走时应发出报警信号。

（9）龙门吊设置有护笼的检修爬梯，供操作维修人员上下使用。

部分项目的门式起重机施工作业及安全防护如图3-86、图3-87所示：

图3-86　云湛项目新阳段TJ6标预制场龙门吊　　　图3-87　仁博项目新博段TJ20标龙门吊检修梯

4. 架桥机

省南粤交通公司针对架桥机施工作业安全标准化做出了如下要求：

（1）架桥机必须安装风速仪，恶劣天气时严禁作业，停止作业时必须用索具或其他防风抗滑装置稳固架桥机及纵移和横移天车并切断电源，必要时设立锚定装置。

（2）架桥机应配置齐全的安全防护设施，配置缓冲器及端部止挡、电机防雨棚及检修平台。

（3）盖梁上的架桥机前支腿宜采用枕木及钢凳组合支撑，钢轨的横坡小于0.5%，枕木搭设应不大于3层，相邻支撑枕木净距应不大于0.5m。

（4）架桥机在临近、穿越或跨越高压线时，在确保安全距离下，需进行围蔽和设置防电护网，并在明显位置悬挂警告警示标牌。

（5）架桥机拼装完成后需进行试吊，经确认一切正常后方可使用作业。过孔及作业过程中必须有专人指挥，无论何时，当听到任何停止的信号时，必须立即停止作业。

（6）架桥机纵向运行轨道两侧规定高度要求对应水平，保持平稳。前、中、后支腿各横向运行轨道要求水平，并严格控制间距，三条轨道必须平行。

（7）架桥机天车在携带混凝土梁板行进时，前支腿部位需用手拉葫芦与横移轨道拉紧固定，提高稳定性。

（8）作业过程中还需随时注意安全检查；每架设完成一跨后，必须对架桥机进行一次全面检查，并做好记录。

（9）架桥机前移过孔时，起重小车应位于对稳定最有利的位置，且抗倾覆安全系数不得小于1.5，配重不足时可利用梁板进行配重，过孔时必须一次到位，中途不得停顿。

部分项目的架桥机施工作业及安全防护如图3-88、图3-89所示。

图 3-88　云湛项目新阳段 TJ8 标架桥机　　　　图 3-89　怀阳项目 TJ7 标架桥机

（八）安全档案管理标准化

省南粤交通公司针对所属项目的安全档案管理形成了如下标准化管理要求：

（1）安全档案要求根据各项安全生产管理工作同步进行搜集、整理、归档，是安全生产工作的真实反映和责任追究的重要依据，要确保"管理无死角、事事留痕迹"。

（2）安全生产档案日常应采用文件柜、文件盒保管，年度组卷应采用档案盒，档案盒脊背包含公司徽标、项目名称、编号、类别、年份等。

（3）档案盒应设有卷内目录，目录包括序号、文件编号、文件名称、日期、页数、备注等，并按照时间进行排序。

部分项目的档案管理如图 3-90、图 3-91 所示。

图 3-90　龙怀项目管理中心安全管理档案　　　　图 3-91　云湛项目阳化段 TJ10 标安全管理档案

（九）"平安班组"建设

施工班组是高速公路建设项目的最小组织单元，是工程项目各项管理制度、施工方案的最终落实单位，班组管理水平和人员素质的高低，直接影响工程项目的质量、安全、进度等目标的完成。为了强化班组建设加强现场管理,增强班组成员的责任意识、安全意识和集体意识,提高班组凝聚力、执行力、战斗力、安全保障能力,提高班组自救互救能力、班组长现场指挥和处置能力,以及员工的操作技能,杜绝"三违"行为,充分发挥班组安全生产第一道防线的作用,推进安全生产管理标准化建设和创先争优活动的发展,充分发挥班组长在班组建设中的先锋带头作用,努力创建平安和谐企业,进一步规范班组管理,提高项目安全管理水平,省南粤交通公司大力推进"平安班组"建设。

1. "平安班组"建设的相关措施

(1)完善工人职业保障政策,为班组建设提供基础支撑。加快培养职业化、产业化工人队伍;完善工人社会保障;全面推广"机械化换人、自动化减人",推进标准化设计、工厂化生产、装配化施工,降低公路施工劳动强度,提升施工效率和安全水平。

(2)建立班组管理体系,为班组建设提供管理支撑。建立班组管理责任体系、制度体系;推行劳务用工实名管理;建立班组长任用、培养制度;提升工人专业技能素质;改善工人生产生活条件;延伸安全追溯制度;推进施工班组信用建设;完善施工班组激励导向机制。

(3)建立班组运作机制,实现班组自我管理。通过开展爱心活动,教育引导广大员工关爱社会、关爱企业、关爱他人、关爱自己。努力营造有利于发挥员工安全工作积极性的良好环境,营造互献爱心、共保平安、和谐互动的良好氛围。

为落实《广东省高速公路工程施工安全生产标准化指南(班组建设)》的相关要求,进一步健全班组安全管理责任体系,规范施工单位、专业分包单位和劳务合作单位对一线班组的安全管理行为,建立施工班组作业管理标准,推进劳动用工组织化进程,切实改变施工班组的安全管理局面,预防和减少生产安全事故。

2. "平安班组"建设总体发展情况

近年来,随着广东省高速公路"双标管理""施工标准化""平安交通""平安工地"建设的推进,高速公路建设管理水平得到了较大的提升,班组建设的理论研究和实践探索也受到高度重视并取得一定的进展,行业内掀起了"零事故班组"的热潮。一些建设项目建立了班前班后会议制度,培养了一大批优秀班组,在班组内部运作、自我管理方面取得了一些经验。

省南粤交通公司通过"平安班组"建设,主要明确了以下几点要求:

(1)劳动用工实名制管理:实施高速公路施工行业劳动用工实名制信息化管理,促进行业劳动用工向职业化、产业化发展。

(2)明确层级关系和责任主体:明确交通运输主管部门、建设单位、监理单位、施工单位、用工单位、班组的层级关系和责任主体,强调班组上级单位对班组的管理和资源配置。

（3）规范从组建到管理的全过程：规范班组组建机制，严格控制过程中质量、安全、技术、进度、成本等管理要素，通过绩效管理促实奖惩。

（4）合同约束：在承包合同、分包合同及劳务合同条款中明确班组建设要求，通过合同条款的约束作用促使班组建设落地。

（5）班前危险预知手册示例：要求施工单位为班组制作形式多样、简单易懂的班前危险预知手册，并提供危险预知手册示例，方便理解。

二、以点促面，树安全标杆

省南粤交通公司根据"南粤品质工程"要求，进一步提高安全生产标准化水平，发挥示范效应，培育你追我赶的安全管理氛围，使公司安全管理水平不断迈上新台阶，通过致力于"安全生产标杆"创建活动，在全寿命周期的建设项目安全上不断突破，公司针对安全标准化建设的各个方面，通过评比，均树立了年度标杆项目，为提升省南粤交通公司的安全管理水平做出了贡献。其中，2015年度安全生产标杆为广中江项目特大桥施工和珠海连接线项目安全生产档案；2016年度安全生产标杆为龙怀项目连英段隧道坍塌事故应急救援演练、龙怀项目连英段装配式爬梯（安全梯笼）、仁博项目仁新段隧道施工、仁博项目仁新段工人安全生产教育培训、云湛项目阳化段高墩外爬架、云湛项目阳化段40m及以上大跨径架桥机监测系统、龙怀项目龙连段桥面临边防护及防撞栏施工台车、云湛项目化湛段跨路施工和潮漳项目墩柱盖梁施工；2017年度安全生产标杆为龙怀项目英怀段连续刚构桥挂篮施工、仁博项目新博段特种设备二维码信息管理、仁博项目仁新段平安班组建设、龙怀项目龙连段路面交通管制、云湛项目阳化段路面施工机械安全管理、东雷项目手机隐患排查App和装配式水上墩柱施工平台（支架）、怀阳项目无人机安全巡查。

（一）特大桥施工标杆

广中江项目斜拉桥索塔爬架及装配式施工平台是在充分研究爬模、滑模优缺点的基础上自行研制的，其结构由立柱、作业平台、防护栏、爬梯4部分组成。立柱采用4根φ820×8mm的钢管；作业平台呈"口"字形，每层规格为16m×13m×2m，底座由型钢焊接而成，走道板为宽2m（内侧可折叠部分宽0.8m）、厚3mm的钢板；防护栏按照相关高处作业安全技术规范要求，横杆及立柱均采用φ48×（2.75~3.5）mm的钢管，以扣件的形式固定；爬梯为装配式。索塔爬架及装配式施工平台的特点是实现了本质安全：①爬架稳固可靠，爬行系统设双保险；②作业平台外部全封闭，消除了人员从高处坠落的隐患，平台内部宽敞，部分走道板可折叠，有利于模板施工；③施工工艺简单，易于操作。

挂篮由主桁梁、纵梁、底篮、平联、轨道、防护栏组成。主桁梁规格7m×7m，由40a槽钢制作；纵梁规格7.1m×1.2m，由25a工字钢制作；底篮规格7m×43m，由双肢Ⅱ45、Ⅱ56工字钢制作；平联规格1.2m×6m，由16a工字钢制作；轨道长16m，由双肢Ⅱ32b制作；防护栏的标准与爬架相同。图3-92为特大桥索塔爬架及装配式施工平台，图3-93为大桥水上作业平台安全防护通道，图3-94为特大桥挂篮施工整体安全防护。

图3-92 特大桥索塔爬架及装配式施工平台

图3-93 大桥水上作业平台安全防护通道

a)　　　　　　　　　　　　　　　　b)
图3-94 特大桥挂篮施工整体安全防护

（二）连续刚构桥挂篮施工标杆

龙怀项目英怀段在连续刚构桥挂篮施工（图3-95）方面具备以下特色做法：

（1）优化设计凸显"本质安全"。挂篮施工选用优化设计的轻型液压式菱形挂篮（图3-96），内部上下通道自带护笼和防滑措施，主桁架全部采用高强销轴连接（图3-97），这种销轴结构受力简单明确，安拆速度快，安全系数高，确保设备"本质安全"。

（2）严格过程管理，稳控挂篮安全。重视员工安全教育培训，施工前，通过多媒体培训工具箱对参建人员进行专项安全教育培训及技术交底；班组长依据每天的施工情况，开展"班前十分钟活动"，内容包含安全知识、操作技能及风险防范等方面，全方面提高员工安全素质。

图 3-95　连续刚构桥挂篮施工全景

图 3-96　液压式菱形挂篮结构图

图 3-97　主桁架销轴连接图

（3）严格按照方案要求施工。参建单位严格按照设计和方案要求完成挂篮拼装、预压及静载试验，确保各项受力和变形指标符合要求。过程中，落实安全检查签证制，配置专职安全管理人员和专职电工，跟踪检查挂篮施工及用电安全。

（4）增加安全系数。在混凝土浇筑、张拉及压浆工序完成后，进行挂篮前移，过程中有专人指挥（图 3-98），滑道铺设牢固、平整、顺直，后锚采用双螺帽安全设置（图 3-99），增加安全系数。

（5）平台全封闭防护（图 3-100）。平台临边防护采用 I14 型钢加 $\phi 48$ 钢管组合，涂刷安全色，底部设挡脚板，以扣件或焊接形式固定，挂设耐腐蚀绿色安全网；底篮采用防滑钢网片和安全网双层防护，左右幅安全通道采用防滑钢板，两侧设高 1.5m 防护栏杆；挂篮下方设置安全警戒区，各明显部位挂设安全警示标志及宣传标语，安全醒目，警示性强。

（6）采用装配式爬梯。人员上下通道采用组合框架式安全梯笼或盘扣式安全爬梯，按方案要求配置连墙件，具有拆装方便、刚度大、承载力大、整体稳定性好的特点。

（7）规范起重设备管理。塔吊起重机械按照规定进行检测检验，并出具检测合格报告，各种安全设施、保险装置齐全，按"一机一档"要求完善安全技术档案，保障起重设备正常使用。

（8）正确使用防护用品。作业过程中，认真敦促检查、教育指导作业人员正确使用或佩戴安全防护用品，及时指正"三违"行为。

图 3-98　吊装作业专人指挥

图 3-99　挂篮后锚点双螺帽

图 3-100　挂篮整体安全防护全景

（三）墩柱盖梁施工标杆

潮漳项目在墩柱盖梁施工方面形成了如下具有特色的安全标准化做法：

（1）墩柱盖梁施工按规定搭设爬梯并悬挂安全警示标志及防坠安全网；爬梯基础硬底化（图 3-101）；爬梯按 5m 一道设置附墙件（图 3-102）；爬梯与作业平台之间设置安全作业通道（图 3-103），通道满铺平台板，通道两侧设置临边护栏、安全网，并悬挂安全警示标志；作业平台满铺平台板并固定（图 3-104），作业平台设置临边护栏并挂设安全网，并规定设置挡脚板；盖梁施工作业区下方设置警戒区。

（2）壁墩施工作业平台之间预留孔洞，并设置安全挂梯，方便作业人员上下。圆柱墩施工搭设爬梯及辅助施工脚手架，或搭设双梯（图 3-105），保证人员上下通道及作业平台。

盖梁施工作业平台临边设置高出盖梁面50cm以上的临边护栏,并挂设安全网,确保盖梁面作业人员得到有效的安全防护;垫石施工紧跟盖梁施工进行,作业平台待垫石施工完成后,再进行拆除,降低垫石施工安全风险。图3-106为墩柱施工时采取四周安全围蔽措施。

图3-101 爬梯基础硬底化

图3-102 爬梯按5m一道设置附墙件

图3-103 爬梯与作业平台之间设置安全作业通道

图3-104 盖梁作业平台走道板满铺

图3-105 墩柱施工搭设双爬梯

图3-106 墩柱施工四周安全围蔽

(四)装配式水上墩柱施工平台(支架)标杆

东雷项目装配式水上墩柱施工平台(支架)(图3-107)具备以下特点:

1. 步梯

步梯踏板设有防滑凸点,步梯设有扶手栏杆,扶手栏杆的横杆、立柱设有黄白相间的反光贴膜。

2. 平台

平台及步梯由8组小平台组合而成,使用螺栓连接,所有位置涂上黄色油漆,所有人行通道及平台使用网状铁网铺设,每层作业平台四周设3道横杆作防护栏并设有黄白相间的反光贴膜,同时挂设绿色钢塑网作为防护安全网。平台底座由11根工字钢摆成方形网格状,平台各立杆焊接固定在底座上。作业时,靠近墩柱周边采用可移动的网状铁网通道板进行铺设,保障作业时人员安全。新型的作业平台,整体外观美观、装配方便、容易吊装、平台强度有保证,平台还具备平整、稳定、人员上下方便、空隙小等特点。同时,转移地点方便快捷,大大节省平台搭设时间。

图3-107 装配式水上墩柱施工平台(支架)

(五)高墩外爬架标杆

云湛项目阳化段高墩外爬架(图3-108)是在充分研究爬模、滑膜、翻模各自优缺点的基础上研制而成的,其结构由3部分组成:支撑系统、底座、脚手架系统。支撑系统由4~6根 $\phi 80mm$ 的外插钢棒组成(图3-109);底座由横桥向2根I36b工字钢,纵桥向2根I22工字钢组成"井"字形框架,然后在其上每边各安装2根I22分配梁组成底座结构(图3-110);脚手架系统是按照《建筑施工扣件式钢管脚手架安全技术规范》(JGJ 130—2011)采用 $\phi 4.8cm$,壁厚3.5mm的钢管通过扣件联结而成的结构系统(图3-111)。与传统的高墩施工作业平台相比具有以下优点:

(1)外爬架为全封闭结构,操作平台宽敞,有效预防高空作业的坠落事故,做到了本质安全。

(2)墩柱维护保养及拉杆孔的处理非常方便,只需在外爬架内即可完成,真正解决了传统采用挂篮处理墩柱的缺陷及拉杆孔的安全隐患。

(3)施工工艺费用较低,材料可周转利用,易于大规模推广。

图 3-108　高墩外爬架

图 3-109　高墩外爬架支撑系统

图 3-110　高墩外爬架底座

图 3-111　高墩外爬架脚手架系统

(六)装配式爬梯(安全梯笼)标杆

龙怀项目连英段装配式爬梯(安全梯笼)具备以下特点:

(1)适用范围广:安全梯笼可根据结构物的高度进行拼装,可以适用桥梁的立柱、盖梁、悬浇施工等。

(2)整体性好、安全可靠:安全梯笼采用整体加工、节段拼装结构。每节梯笼的尺寸为 $3.4m \times 2m \times 2.5m$,采用 10 号角钢作为主支撑受力结构,四周采用密目钢丝网与主支撑角钢焊接封闭,在工厂整体加工成型。每节梯笼都是标准件,整体性好、安全可靠。

(3)刚度大、承载力强:采用角钢作为主支撑受力结构,梯笼刚度大,与结构物进行支撑连接后稳定性好,不摇晃,承载力达到 350kPa,可承载多人同时使用。

(4)安装方便:节段间采用高强螺栓进行连接,可根据结构物高度的不同进行节段拼装,安装拆卸都很方便,工人劳动强度小。

装配式爬梯(安全梯笼)具体结构如图 3-112～图 3-115 所示:

图 3-112　装配式爬梯(安全梯笼)

图 3-113　爬梯梯门

图 3-114　爬梯与盖梁作业平台之间设置安全通道

图 3-115　爬梯设置附墙件

(七)桥面临边防护及防撞栏施工台车标杆

龙怀项目龙连段桥面临边防护针对临边防护、湿接缝防护、中央分隔带防护、伸缩缝防护、警示标志均形成了标准化的设置方式。

(1)桥面施工前,应在梁面两侧按安全技术规范要求设置防护栏杆和挡脚板,并挂设安全网;栏杆立柱与横杆的连接应牢固;所使用的钢管应做防锈处理,并刷间距为 300mm 的红白相间漆。

(2)设置安全防坠网(白色防坠网和蓝色密目网),特殊(跨路施工)路段应满铺木板或先行安装底模板。

(3)设置双层安全网(白色防坠网和蓝色密目网);在桥面施工点的合适位置设置中央分隔带的人行安全通道。

(4)伸缩缝位置采用3cm厚钢板、木板满铺,钢板两端焊接工字钢避免伸缩缝钢筋弯损,纵向边侧铺设石粉与钢板持平防止钢板移动。

(5)在桥面明显部位设置各类安全警示标志牌。

桥面临边防护具体设置如图3-116～图3-119所示。

图3-116 桥面安全防护

图3-117 桥面临边安全防护

图3-118 桥面湿接缝安全防护

图3-119 桥面湿接缝人行安全通道

龙怀项目龙连段桥梁防撞栏施工台车具备以下特点:

(1)台车主要由总框架、行走电动驱动和制动装置、电动和手动葫芦装置组成。台车装有两组臂架,在前架后端设置调节丝杆,便于调节坡度,后臂架装有配重块。前轮装有全液压360°转向机构,在后驱动轮上装有结合子,可实现双轮驱动。匝道桥因场地受限,台车尺寸可做相应缩小,除了行走驱动系统,其他设置和功能基本保持不变。

(2)台车安拆和使用必须做好配重计算,模板吊架和吊篮设计的安全系数应大于2.0;必须保证桁架型钢、手拉电动葫芦与吊架的连接稳固;吊篮在使用前必须严格检查,不得同时吊运超过 2 人,吊篮围栏高度必须大于 1.2m,吊篮中的工人安全带应系挂在防撞墙钢筋上。

防撞栏施工现场与施工台车如图 3-120、图 3-121 所示。

图 3-120 防撞栏施工

图 3-121 防撞栏施工台车

(八)40m 及以上大跨径架桥机监测系统标杆

云湛项目阳化段 40m 及以上大跨径架桥机信息化监测系统是根据《起重机械安全监控管理系统》(GB/T 28264—2017),由风速仪、天车及大车行程传感器、起升重物传感器、起升高度传感器、角度传感器、过孔状态监控、报警器、主控系统等组成,与传统架桥机相比有以下优点:

(1)系统可有效地对架桥机不良运行状态发出声光警报,及时预防架桥机事故的发生。

(2)系统保存的数据信息对分析架梁过程中架桥机的状态有重要的价值。

阳化项目 40m 及以上大跨径架桥机监测系统如图 3-122~图 3-125 所示。

图 3-122　架桥机行程测距仪

图 3-123　架桥机水平仪

图 3-124　行车轨道车档

图 3-125　架桥机声光报警器

（九）隧道施工标杆

仁博项目仁新段隧道施工在以下方面均采取了行之有效的标准化措施。

（1）隧道洞口本着"因地制宜、布局紧凑、功能齐备、标准统一、规范文明、区域清晰、突出安全、统筹安排"的原则进行布局。

（2）隧道采用智能门禁及监控系统，对进出洞人员数量、工种、时间、洞内分布及各工序情况进行实时监控。

（3）隧道人车分流设置，为确保作业人员、车辆交通安全，在洞口及洞内实行人车分流。

（4）隧道高压风管、水管、电线按照标准化统一布置，施工用电采用"三相五线制"供电系统，动力线与照明线分开设置，顺直成线，合理布局；同时设置应急灯。

（5）为营造良好的洞内施工环境，在标准配置风机条件下增设 1 台集除尘、降温、通风等功能的多用途通风机，确保空气安全符合规范要求。

（6）隧道内照明统一规划，间隔一定距离设置宣传灯箱，作业区域采用安全电压照明。

（7）隧道配置二衬喷淋养护台车，保证二衬混凝土安全，同时起到降尘效果。隧道配置地质雷达、TSP（隧道地震勘探）、超前水平钻，及时掌控隧道围岩情况，降低安全风险。

仁博项目仁新段隧道施工标准化措施如图3-126～图3-134所示。

图3-126　隧道洞口布置

图3-127　隧道门禁及人车分流系统

图3-128　隧道视频监控

图3-129　隧道电力线路布设

图3-130　隧道管线布设

图 3-131　隧道通风机

图 3-132　隧道多用途通风机

图 3-133　二衬喷淋养护台车

图 3-134　隧道施工通行栈桥

（十）跨路施工标杆

云湛项目化湛段在跨路施工方面形成了如下安全标准化做法：

(1)跨路施工作业按现行《道路交通标志和标线》(GB 5768)和《公路养护安全作业规程》(JTG H30)要求，按照不同公路等级、设计速度及施工工况，施工前编制符合规定的专项施工方案、交通疏导方案，并按规定组织安全评价，向有关部门办理相应施工许可手续。施工工点应布置作业控制区，做好交通导行，搭建安全防护棚，完善安全设施。

(2)在施工点前后各搭设一座限高门架，贴红白或黄黑相间的反光膜或刷反光漆，并设置车辆限高、限宽、限速等标志牌及夜间警示灯；落实交通协管员 24 小时上路巡查，定期安排人员对施工区域的临时交通安全设施及时进行清洗、维护、补充等；现场作业车辆、机械必须配备作业警示灯，现场作业人员需穿戴具备反光性能的安全服和安全帽。

(3)安全防护棚必须具备较强的防砸、抗冲击能力，基础上涂刷安全警示色，周边应做好排水设施；防护棚应设置轮廓灯、警示灯、爆闪灯等设施；防护棚长度必须大于自由坠落的防护半径,当上部高度超过24m时,下方应设间距600mm的双层防护棚;在夜间,警示灯应持续亮灯,通道内需保证充足的照明。

(4)按照不同公路等级、设计速度和施工工况,设置符合规定的交通锥、防撞墙、隔离墩、防撞桶、水马、附警示灯的路栏等安全设施;临时标线宜采用易清除且醒目的临时反光标线;夜间施工需设置照明设施,照明设施布设在工作区侧面,照明方向应背对非封闭车道。

云湛项目化湛段在跨路施工方面的安全标准化做法如图3-135～图3-138所示。

图3-135　跨路施工安全防护棚

图3-136　跨高速公路施工交通导行

图3-137　跨高速公路施工警示

图3-138　跨高速公路施工警示防护

(十一)路面施工机械设备安全管理标杆

云湛项目阳化段从设备本质安全角度和标准化要求考虑,4个路面标的摊铺机、压实机械等设备均安装倒车影像系统装置和倒车报警提醒装置或倒车雷达,具备以下优点:

(1)拓宽视野,减小碾压作业过程中的盲区,压路机本身车体较大,后视反光镜不能完全显示车后状况,通过摄像头将车后环境直接显示到显示屏上,让驾驶员能更直观地了解车后环境。

（2）超声波探头精确探测车后障碍物距离，并且在显示屏上显示障碍物距离并发出警示信号，从而使驾驶员在探测范围内能方便地判断车后障碍物的距离、方位和所在区域，得到及时警示，达到安全倒车的目的。

（3）系统设定为障碍物10m蜂鸣器报警，对压路机10m范围内的人、障碍物发出蜂鸣警示音，提醒驾驶员和周围施工人员。

图3-139为路面施工机械设备监控系统在云湛项目阳化段的应用。

图3-139　路面施工机械设备监控系统

（十二）隧道坍塌事故应急救援演练标杆

龙怀项目连英段模拟隧道坍塌，以自救、避险及抢救为主，采用101多功能旋转钻机打通联络通道和找出逃生管道为辅，展开救援演练。龙怀项目连英段隧道坍塌事故应急救援演练具有以下特点：

（1）明确目标，分工合作。管理处负责统一协调方案策划；施工单位主要负责演练脚本的编写、演练现场和应急物资的准备；监理单位主要负责演练方案的审批等工作。

（2）领导重视，全员参与。管理处第一责任人亲自布置，全体员工按"一岗双责"的要求参与了整个演练活动的全过程。

（3）统一协调，加强沟通。管理处多次与主办、参演单位进行汇报沟通，与广东省交通运输厅、省南粤交通公司、清远市政府、英德市政府沟通协调，召开了多次协调会，解决了各参演单位的资源调配问题。

（4）深入调研，征求意见。为了真实模拟事故发生后的状态，连英管理处、总监办、施工单位进行了详细调研，深入生产一线征求工人的意见，对演练方案进行了多次修改、完善。

（5）发现不足，及时改进。策划阶段进行多次桌面演练，使参演人员熟悉演练流程，正式演练前通过彩排发现不足，及时改进。

（6）归纳总结，完善预案。根据演练情况及时进行总结，修改完善应急预案。演练后邀请参加演练的广东省交通运输厅、省南粤交通公司、清远市政府、英德市政府等单位领导、专家进行点评，吸收了一些好的建议和意见。

龙怀项目连英段隧道坍塌事故应急救援演练相关过程如图3-140~图3-143所示。

图3-140　应急救援队伍

图3-141　应急救援机械设备

图3-142　伤员救护

图3-143　应急救援演练总结会

（十三）无人机安全巡查标杆

怀阳项目施工安全风险高，路堑高边坡、桥梁施工安全总体风险评估等级为Ⅲ级以上的风险点有113处；控制性工程西江特大桥，主跨设计采用双塔中央索面斜拉桥，主跨360m，主墩墩高超过60m，塔高超过70m，施工技术难度大。为规范各参建单位的无人机辅助安全管理，怀阳管理中心统一下发了《无人机安全生产检查和隐患排查管理办法》（以下简称《办法》），其中对无人机操作人员和无人机操作规程予以明确规定；在对无人机辅助安全生产检查和隐患排查管理方面，《办法》规定了无人机在安全巡查中的使用频率和相关要求，每次巡查完毕后对存在问题均需填写检查记录表；另外，《办法》还对无人机的保管和其他使用需求做了明确规定。图3-144为怀阳项目无人机安全巡查获得的安全生产标杆奖牌。

图3-144　无人机安全巡查标杆

（十四）特种设备二维码信息管理标杆

仁博项目新博段在既有的二维码系统平台基础上，将每台设备照片、基本情况、操作业人员持证情况、设备的出厂合格证、检验合格证等最基本的信息上传到平台，制作成卡片，在后台统一管理。一个二维码就能将整个项目的设备信息全部包括，只需要扫一扫就能随时查看，检查方便，节约时间，便于管理和监督。设备信息发生变化时，后台进行更改，无需更改二维码标识牌，信息即时进行更新。目前，特种设备管理基本都是悬挂"三证"，难免会出现悬挂的证件容易损坏、信息更新维护不及时等问题，而且成本也相对较高。使用一个二维码标识牌能替代其他的多种标识牌，而且更新设备信息也无需更换标牌，成本降低，达到节能环保效果。

将设备信息转化为二维码需要借助二维码制作平台，如网上比较流行的二维码大师、创意二维码生成器、草料二维码生成器、微微在线二维码生成器等平台，这些平台都是免费使用平台，零成本制作，唯一需要的就是及时在平台上填报或更新特种设备的相关信息，可实现实时查询和修改。图3-145为特种设备信息二维码现场效果图。

（十五）隐患排查App标杆

东雷项目在日常工作中，发现安全隐患可立即使用手机进行拍照并录入手机端隐患排查软件中,并将生成的隐患排查资料传至整改负责人。整改负责人将隐患消除后,将整改后的图片及情况录入手机端隐患排查软件中,隐患发现人根据隐患整改人回复的情况进行复查,如果情况已整改,隐患发现人可在手机端隐患排查软件的复核中录入同意的意见;如果未整改到位,隐患发现人在手机端隐患排查软件的复核中录入不同意的意见,整改负责人继续进行整改,直至整改到位。该方法是一种通过隐患排查 App 随时上报隐患信息,快速处理上报隐患,相关隐患统计分析、分类,流程可追溯、实时解决隐患问题的智能、优良的隐患排查治理方法。图 3-146 为隐患排查治理系统登录界面。

图 3-145　特种设备信息二维码现场效果图

图 3-146　隐患排查治理系统登录界面

（十六）工人安全生产教育培训标杆

仁博项目仁新段工人安全生产教育培训的主要特色如下：

1. 安全教育实名制

在开展安全教育培训前，利用多媒体安全培训工具箱，将参加培训人员的身份证进行逐一扫描建档，实现安全教育实名制（图3-147）。

2. 多媒体安全培训工具箱

将枯燥无味的安全知识制作成多媒体动画，寓教于乐。配合投影仪，可携带至工人驻地进行安全教育培训（图3-148），解决了作业人员驻地分散，集中教育培训困难的问题，提高安全培训的效率。

图3-147　安全生产教育培训实名制

图3-148　多媒体安全培训工具箱进行教育培训

3. 建立微信平台

建立"安全微信群"进行交流、讨论、学习，及时解决棘手问题，强化工作任务的监督、反馈和整改，促进实现闭环管理。

4. 班前安全教育讲台

项目建立安全教育讲台，大力开展班前安全会（图3-149），交底当班安全情况和注意事项，着重分析判断可能出现或预想的危险及隐患。

5. 建立安全文化体验馆（图3-150）

工人通过亲身体验各种安全防护用品的使用及出现危险瞬间的感受，有效提高自身的安全生产意识，加强自我安全防范自觉性和主动性。

（十七）安全生产档案标杆

为加强项目安全生产档案管理工作，进一步推进安全生产档案管理标准化、规范化、信息化，珠海连接线项目严格按照《广东省南粤交通投资建设有限公司安全生产档案管理办法》和"平安工地"创建工作要求,坚持年度归档、方便查阅、完整全面的原则,指定专人定期对档案资料进行收集、整理、组卷、入库。同时,增设了电子档案同步存储及备份,确保档案资料的真实性和完整性。安全生产档案管理标准化做法如图3-151~图3-153所示。

图 3-149　施工班组班前安全教育

图 3-150　安全文化体验馆

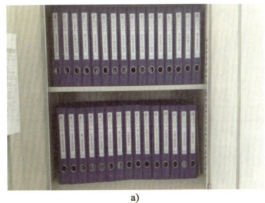

a)　　　　　　　　　　　　　　　　　　b)

图 3-151　安全生产管理档案

图 3-152　安全生产规章制度

图 3-153　生产安全事故隐患治理台账

第四章

营运期安全保障

为保障所属各营运路段安全畅通,省南粤交通公司从建设转营运,即全面组织实施"平安公路"建设活动,以公司统筹兼顾、各营运项目整体推进的形式,确保各级安全管理相互衔接、相互融合、相互促进。省南粤交通公司在建设期就注重汲取当前国际国内营运高速公路各类事故经验,提前优化营运阶段各项防护设施安全性能,并在施工过程做出改进。在营运期结合实际,因地制宜,创新形式,不断完善各项营运安全设施设备。在营运安全管理上,突出重点,注重实效,针对影响行车安全的关键环节,加大管控力度,结合智能化、信息化手段,多措并举消除安全隐患;在联勤联动体制建立上,广泛动员,形成合力,加强与地方政府相关部门协调合作,建立起响应迅速的应急机制,形成对行车安全齐抓共管的良好局面。

第一节 品质安全打造平安公路

一、优化改良,提升性能

(一)桥梁防护设施优化

1. 桥梁防抛安全网

龙怀项目连英段对桥梁附属工程进行了优化,对上跨铁路、高速公路、地方道路、江河等区域的桥梁防撞护栏,两侧增设了防抛安全网(图4-1),中央分隔带增设了镀锌钢盖板,有效防范了主线异物抛落到桥下的铁路、高速公路、地方道路等区域,避免对这些区域的交通设施、安全产生影响。

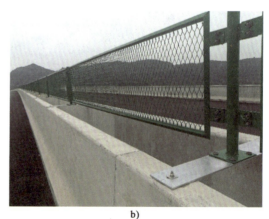

a)　　　　　　　　　　　　　　　b)

图4-1　龙怀项目连英段防抛安全网

2. 桥梁安全防护棚架

龙怀项目龙连段西牛权大桥下穿京九铁路津头坝大桥,管理处结合跨越道路的种类、桥下净空高度、行车限界等因素,优化取消了原设计中的铁路桥防落网,增设了顶棚式新型镀锌冲孔板,分左、右幅覆盖公路桥面的下穿范围(图4-2),其具有透光性好、安全性高、组装施工便利等特点。

图4-2 龙怀项目龙连段下穿京九铁路防护棚架

3. 桥梁中央分隔带防眩绿植

云湛项目化湛段全线桥梁段中央分隔带种植绿化灌木(图4-3)。项目全线路基与桥梁中央分隔带均采用新泽西护栏形式,中间回填种植土,再种植菲莉,起到了防眩效果,提升了景观效果,同时也降低了台风多发地区防眩板受风吹断引发的安全风险。

图4-3 云湛项目化湛段桥梁中央分隔带防眩绿植

(二)隧道安全设施优化

1. 隧道洞口遮光棚

仁博项目仁新段八丘田隧道出口右洞为端墙式洞门,洞外左侧20m边坡陡峭,原设计采用抗滑桩+桩板墙的边坡防护形式,视觉效果较差,营运期间驾驶员驾车自右洞驶出隧道时易产生压抑感,存在一定安全隐患。为此,在八丘田隧道出口右洞外增设洞口遮光棚进行优化(图4-4),增强了景观协调性,舒缓了驾驶员视觉压抑感,提高行车安全性。

 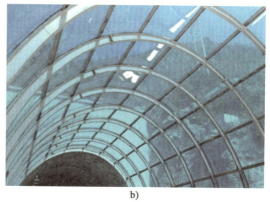

a) b)

图 4-4 仁博项目仁新段八丘田隧道洞口遮光棚

2. 隧道智能引导灯

仁博项目仁新段在坪山隧道试点加装了路面安全智能照明引导灯系统(图 4-5),不仅能够给坪山隧道提供更为可靠的照明和安全指引(尤其是雨雾天气),而且能在夜间关闭隧道 LED 照明,降低能耗。路面安全智能灯系统采用 IPT(感应电能传输)感应能源技术,由 LED 路面智能灯、感应供电装置、能源转换线、电容器联合装置等组成,通过电磁感应转换技术为智能灯供电。

a) b)

图 4-5 仁博项目仁新段隧道智能引导灯

(三)交通安全设施优化

1. 振动标线

仁博项目新博段在特大桥、隧道车道边缘线及车道分界线均采用了振动标线(图 4-6),

车辆行驶至振动标线上能产生较大振动及声音,防止疲劳驾驶,能更好地提醒驾乘人员按车道规范行驶,确保行车安全。

图 4-6　仁博项目新博段隧道路面振动标线

2. 雨夜标线

为解决雨夜天气普通热熔标线无法反光、标线失去诱导功能等问题,仁博项目新博段采用全天候雨夜标线,通过增加超过 2.4 折射率陶瓷微晶珠,使标线在雨天夜晚水膜覆盖条件下仍能反光;同时采用自动化施划设备(图 4-7),通过恒温、匀速、玻璃珠双撒技术(图 4-8),有效控制玻璃珠撒播量、均匀性及嵌入度,从而保证玻璃珠与涂料有效黏结,确保耐久性。图 4-9 和图 4-10 为雨夜标线与普通热熔标线对比数据和仁博项目新博段雨夜天气标线反光效果。

图 4-7　仁博项目新博段 Borum 自动化施划设备

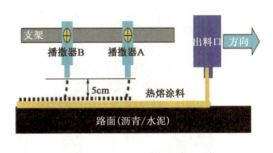

图 4-8　仁博项目新博段玻璃珠双撒技术

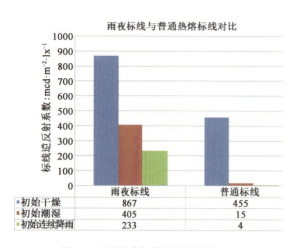

图 4-9　雨夜标线与普通热熔标线对比　　　　图 4-10　仁博项目新博段雨夜天气标线反光效果

3. 出口匝道增设防撞设施

云湛项目化湛段和阳化段在出口匝道三角端均采用了可导向防撞垫设计（图 4-11、图 4-12），该防撞垫主要为波形护栏的防撞材质，并以膨胀螺栓（或预埋地脚螺栓）锚固路面，防撞等级达到了 TS 级，安全性能符合《公路护栏安全性能评价标准》（JTG B05-01—2013）的要求。可导向防撞垫设计比以往摆防撞桶能更有效地吸收碰撞能量，大大降低了正面碰撞对人、车的伤害程度，同时在侧面碰撞时能改变车辆碰撞角度，并将车辆引导向正确方向，极大地提高了紧急情况下驾乘人员的安全系数。

a)　　　　　　　　　　　　　　　　b)

图 4-11　云湛项目化湛段出口匝道可导向防撞垫设计

图 4-12　云湛项目阳化段出口匝道可导向防撞垫设计

二、预防为主，博采众长

（一）特大桥营运安全措施

清云项目西江特大桥在防撞设施设计时，在 15 号、16 号、17 号墩采用了柔性浮式释能防撞消能套箱和护舷（图 4-13），能有效缓冲船舶撞击力，将墩身受到的撞击力折减到自身抗力范围内，确保桥梁结构安全。该桥梁防撞设施可以有效阻止船舶撞击力传到桥梁结构，或者通过缓冲消能延长船舶的碰撞时间，减小船舶撞击力，保障桥梁安全。

图 4-13　清云项目西江特大桥防撞消能套箱

（二）特长隧道营运安全措施

1. 隧道反光环

（1）揭惠项目在隧道安全管理中紧紧围绕构建安全、畅通、便捷、高效、绿色的现代综合交通运输体系总体目标,不断提升建管养服务水平,切实预防道路交通事故,确保隧道通行安全。在隧道内增设反光环(图4-14),使隧道内边界轮廓更清晰,起到警示和导向效果,有效缓解驾驶员进出隧道时因明暗反差导致的瞬间"失明",同时,利用规律性的环形诱导布置,引导驾驶员的视觉,消减驾驶疲劳、精神疲劳,有效提升了隧道内视线诱导效果,进一步提高隧道的行车安全系数。

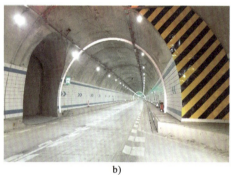

图4-14 揭惠项目隧道反光环效果

(2)仁博项目仁新段在笔架山隧道、青云山隧道两条特长隧道全程设置了轮廓带反光环(图4-15)。轮廓带按200m一道设置,采用铝基反光膜,提升了隧道内安全警示效果,可以有效缓解长时间在隧道内驾驶产生的疲劳,减少安全事故的发生。

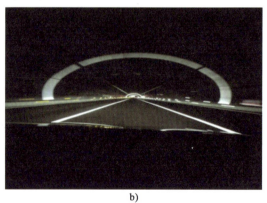

图4-15 仁博项目仁新段隧道反光环效果

2. 隧道顶防疲劳设计

(1)仁博项目新博段在九连山特长隧道设置"时空"和"星空"隧道景观照明段落(图4-16、图4-17)。采用LED线条灯、点光源,在隧道穹顶及两侧列阵布置,展现时空与速度的变化以及夜空中繁星闪烁之景象,有效缓解驾乘人员因长隧道行车带来的视觉疲劳。

图4-16　仁博项目新博段隧道"时空"效果　　　　图4-17　仁博项目新博段隧道"星空"效果

（2）龙怀项目龙连段在粗石山隧道内中间100m处洞顶位置设置了灯光带,对洞顶实施景观照明,形成不同的视觉场景效果,在隧道内创造了一片"蓝天"（图4-18）。景观照明的出现,缓解了行经隧道时驾驶员的视觉疲劳,消解了其烦躁、焦虑等不良情绪,从而使行车安全度和舒适度得以提高。

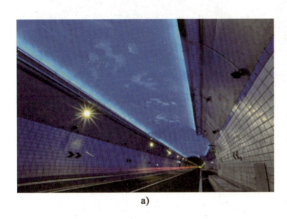
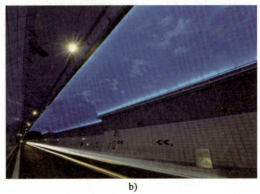

a)　　　　　　　　　　　　　　　　　b)

图4-18　龙怀项目龙连段隧道"蓝天"效果

（3）仁博项目仁新段在青云山隧道双洞设置了景观照明灯（图4-19）,有效地缓解了驶经特长隧道时驾驶员的视觉疲劳,消解其烦躁、焦虑等不良情绪,提高行车安全度和舒适度。景观照明灯光带设置在隧道中部区域,灯光带采用LED线条灯,在隧道中部区域及两侧整列布置,长度各270m,展现时空变化与速度的概念。

3. 隧道轴流风机

仁博项目仁新段在青云山隧道斜井洞口配置了2台45kW的轴流风机（图4-20）,并配套设置了高低压专项供电设施及远程控制设备,在突发火灾工况下能有效抽烟排风,有效保证特长隧道的运营安全。

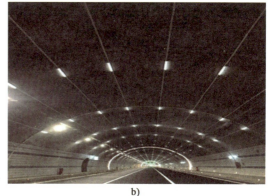

图 4-19　仁博项目仁新段隧道景观照明灯效果

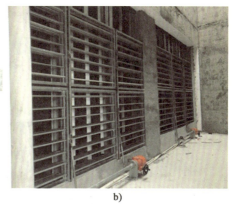

图 4-20　仁博项目仁新段隧道轴流风机

三、以人为本，完善现场

（一）收费现场安全设施

1. 收费岛斑马线

收费员在现场因工作需要，经常穿梭横跨收费亭与休息区，穿行车道和收费岛的次数和频率相当高，当车速过快或收费员行走不留心时，容易产生与通行车辆（尤其是逃费冲卡车、军警免费车）碰撞的风险，造成人员安全事故。

江肇项目在收费现场划定收费岛斑马线（图 4-21）。在收费车道划出一条"黄色安全通道"（宽 0.7m），专供收费员穿行车道，规范收费员穿行车道的秩序，避免收费员因穿行车道的随意性而受到意外伤害。同时，在收费现场每条车道或立柱处张贴"一停、二看、三通过"大幅警示牌，时刻提醒收费员注意收费现场安全，培养收费员用正确方式过车道的意识。

2. ETC（不停车电子收费系统）车道防护门

ETC 车道车速较快，在提高车辆通行能力的同时，也给收费员穿行 ETC 车道带来了人身安全威胁。江肇项目、云湛项目化湛段等项目通过在 ETC 车道加装安全防护门（图 4-22），大大提升通行的安全性能。"防护门"两侧是护栏，设置一可开启活动门，收费员开启活动门通过 ETC 车道，从而避免了直接横穿车道；两侧张贴有"一停、二看、三通过""来车危险"等安全警示，提醒人员过车道时注意来车，预防发生意外事故。

图 4-21　江肇项目收费岛斑马线

图 4-22　江肇项目 ETC 车道防护门

（二）其他安全设施

1. 通勤车辆视频监控系统

江肇项目对所有生产经营和业务保障车辆全部安装卫星定位视频监控系统（GPS 定位仪）（图 4-23）。相关人员在手机上安装手机监控 App，可以随时实时查看行驶中的车辆，查看驾驶员开车过程中是否有接打电话、玩手机等违规动作，以及车辆是否超速，可及时通过系统，语音提醒驾驶员不要违规，确保行车安全。借助科技力量，全程实时监控驾驶员行车过程。江肇项目所有公务车安装 GPS 定位仪，依靠科技引领，强化了公务车管理，具有很强的实用性、实效性、操作性，有效落实安全主体责任。

a)

b)

图 4-23　江肇项目通勤车辆视频监控系统

2. 服务区小车区安装限高架

服务区设置安装限高架是实现小车与大货车、大客车、危险车分开的有效手段，确保服务区车辆、人员安全,服务区管理有序。江肇项目在服务区安装了高2.2m,长7.5m的限高架(图4-24),达到了渠化管理、保障安全的目的。

a)

b)

图4-24 江肇项目服务区限高架

四、高于标准,强化配置

省南粤交通公司各营运项目高度重视生活区、收费现场、机电房、隧道、服务区、加油站、养护单位消防管理,实行"预防为主,防消结合"的方针,高标准配置消防器材,全方位管理,杜绝火灾事故发生。

鉴于目前仍无高速公路消防管理以及配置要求的国标规范,省南粤交通公司各营运项目认真落实消防主体责任,在《建筑灭火器配置设计规范》(GB 50140—2005)及相关规定的基础上,高标准配置消防器材。以隧道、收费站为例:

隧道:每50m配置4具8kg手提式ABC干粉灭火器、水成膜泡沫灭火剂、消防水带;每50m增配1台推车式ABC干粉灭火器。

收费站现场:每2条车道配置4具4kg手提式ABC干粉灭火器,每4条车道增配1台推车式ABC干粉灭火器。

第二节 多措并举构建平安公路

一、养护管理一丝不苟

(一)养护巡检

做好养护巡检工作是确保桥涵结构物、机电设施安全运行的前提条件。省南粤交通公司所属各营运项目高度重视养护巡检工作,日常巡查范围包括全线路基、路面、桥梁、涵洞、隧道、绿化、房建、机电设施及安全设施的外观巡视,确保及时发现新的病害和设施损坏。在台风、雨季及其他恶劣天气来临前后,对关键部位适当加大巡查频率。同时,利用监控中心和"养护信息管理平台"及时将各方反馈的事故隐患进行传递,养护单位迅速到场处置,及时消除各类安全隐患,保障车辆通车安全。

广中江项目、韶赣项目在养护检查中,采用无人机协助开展养护检查,相比传统人工巡查方式,具备机动性、灵活性、员工安全性高、时效性好、可多角度观测等特点,有效减少由于地形、工具等限制造成的巡查漏洞,改变传统人工对结构物养护巡查模式存在监管弱点的现象,弥补了传统人工巡检的缺陷,有效推进巡查质量和效率,提高养护巡查智能化水平。图4-25为广中江项目利用无人机巡查桥梁墩柱和塔顶时拍摄的画面。

a)

b)

图4-25　广中江项目利用无人机巡查桥梁墩柱和塔顶

(二)结构物安全管理

桥梁、涵洞、隧道、边坡是高速公路的重要组成部分,结构物自身因素、人为因素、自然因素都将影响结构物的安全运行,因此,做好结构物安全管理,确保结构物技术状况尤为重要。省南粤交通公司所属各营运项目严格落实"桥梁安全运行十项制度",按照养护技术规范要求频率对结构物开展经常检查和定期检查,委托具有资质的单位开展各项定期检查和加固设计。同时,通过在建设期做好前瞻性规划,充分利用建设期结构物监测系统进行二次开发利用,以便及时消除结构物病害和事故隐患,确保结构物的运行安全。

龙怀项目英怀段利用施工期留下来的监测点建立高边坡自动化监测系统(图4-26),对高边坡的位移、坡面与坡顶有无开裂、裂缝的变化趋势、预应力锚索锁定后力值的稳定情况进行监控,并定期采集及更新养护信息系统的数据,及早发现安全隐患和采取对应措施,保证高边坡稳定安全。

图4-26 龙怀项目英怀段利用施工期的监测点建立高边坡自动化监测系统

(三) 养护单位安全监管

高速公路在营运过程中,会出现不同程度的损坏和病害,日常养护施工必不可少。养护单位是日常养护施工的责任主体,其安全管理行为将直接影响一线养护作业人员的生命安全。省南粤交通公司所属各营运项目在对养护单位安全监管的过程中,严抓主体责任落实,督促养护单位建立健全安全管理体系和应急管理体系,做好新员工岗前教育和各级技术交底,严格遵守《公路养护安全作业规程》(JTG H30—2015),做好现场安全作业管理,确保一线养护作业人员和过往驾乘人员的生命财产安全(图4-27)。

图4-27 所属各营运项目养护施工安全标准化管理

二、路政管理依法依规

(一) 路政巡查

路政巡查是路政管理工作的核心,对保护司属各路段高速公路的设备设施完好、安全通行条件起到了重要作用。省南粤交通公司所属各营运项目严格按照相关法律法规要求，配备路政专用车辆和装备，坚持按照"一看、二查、三记、四报、五跟进"的标准工作流程，落实全路段每天不少于 3 次的 24 小时巡查，加强路警、路养以及执法部门的联动，联合开展路面隐患排查，及时发现、处置道路事故隐患，确保司属各路段通行安全顺畅。

云湛项目化湛段建立起了"复式巡查体系"，采取路政班组巡查、中队领导抽查、路政大队督查的"三级巡查"方式，积极加强巡查区域的过滤布控，有效清除各类路面安全障碍隐患。配合运用路面电子联巡系统、"掌路"App 和无人机巡查等信息化手段（图4-28），实现高速公路路况实时全览、实时掌握"两客一危"车辆的行驶情况、全面了解公路信息资源，形成了便捷、高效、全覆盖的路政巡查模式。

a) b)

图 4-28　云湛项目化湛段路政巡查信息化管理手段

（二）桥下空间安全管理

高速公路沿线的少数村民、企业为图方便，临时在桥下空间堆放物品的现象时有发生，有的甚至在桥下堆放易燃易爆物或将桥下空间当作临时仓库、停车场。桥下堆积物多数为易燃易爆物，一旦发生火灾，将对桥梁造成严重危害，直接影响桥梁的承载能力和使用寿命，甚至导致桥梁坍塌，严重危害驾乘人员生命财产安全。省南粤交通公司所属各营运项目高度重视桥下空间安全管理，按规定频率对所辖路段各桥梁、涵洞进行经常性检查。对桥下空间造成安全隐患及其他占用利用桥下空间的行为，及时进行制止，可现场清理的直接现场清理，不能现场清理的组织集中清理或通知养护单位协同清理，对确有处难度的违法行为,调查取证后及时通知辖区地方政府执法部门,确保桥下空间无侵占、破坏、损坏公路路产、危及公路安全的行为。

广中江项目南山互通桥下空间时常发生摆摊设点、偷倒现象,堆积了大量建筑材料、生活垃圾,对居民、学生的出行造成严重的安全隐患。针对这一现象,广中江项目对各类桥下空间案件进行归纳,研究治理方案,创新思路,主动联合当地政府,通过"以用治管"的处置模式,由江门市江海区政府出资修建,将南山互通桥下空间改造为麦园公园(图4-29),配套园林绿化广场、休闲道路、大型花圃、柱墩艺术涂鸦和康乐设施,将桥下空间管理与改善居民生活居住环境、城市创文紧密结合,为周边居民和师生提供更加安全、舒适的休闲环境。

a)

b)

图4-29 广中江项目桥下空间改造为麦园公园

(三)超限超载车辆劝返

超限超载车辆会对公路、桥梁的安全构成严重威胁,极大可能引发严重的交通事故,因此,把好高速公路入口关,做好超限超载车辆劝返工作是保障高速公路安全的重要防线。省南粤交通公司所属各营运项目积极与执法部门建立起联合劝返工作机制,加大设备投入,加强与交警和执法部门协调联系,形成强大的执法合力,多渠道开展劝返宣传活动,旨在从源头有效预防和减少超限运输交通事故,确保高速公路通行安全。

江肇项目为有效判断超高车辆,引入车辆超高监测系统(图4-30),通过接入自助发卡机,可对通行车辆的高度进行自动监测,进行精准定位。采用多束红外光对射,发射器向接收器以"低频发射、时分检测"方式发出红外光,一旦有人员或物体挡住了发射器发出的任何相邻两束以上光线超过30ms时,接收器立即输出报警信号,实现了超高报警、超高禁止发卡、超高确认、超高范围显示,减轻现场工作人员压力,极大提高车道通行效率和劝返工作效率。

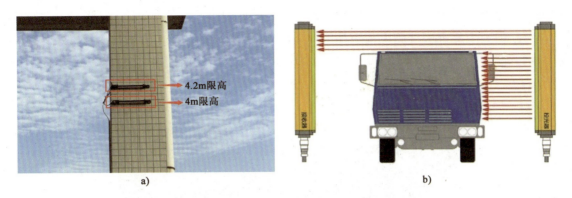

图 4-30　江肇项目车辆超高监测系统

云湛项目化湛段在建设期提前做好劝返工作谋划,结合当前治超劝返管理业务和发展需求,开创了广东省较为独特的入口劝返专用车道(图 4-31),超限车辆无需倒车退出车道,只需直接掉头驶离广场,治超劝返工作的安全性和便捷性得到大幅提升。

图 4-31　云湛项目化湛段入口专设劝返专用车道

(四)路政许可和施工安全监管

路政许可是路政管理工作中的重要内容,不仅关系到公路路产路权的保护,而且关乎行车安全和人民生命财产安全。为确保涉路施工单位各项施工安全条件满足要求,省南粤交通公司所属各营运项目认真贯彻落实《广东省路政许可实施办法》,建立内部行政许可责任追究制度,严办各类施工单位提供的审批材料,严审施工单位安全生产条件,加强与辖区交警部门沟通协调,科学制订施工交通组织方案和突发事件应急救援方案,确保施工单位进场施工合法合规,提升安全保障系数。日常巡查中,按照"逢过必检"的原则,及时发现并消除安全隐患。施工完成后,按规定开展验收核查工作,核查通过后方可正常开放交通。图4-32为省南粤交通公司所属营运项目进行施工安全监管。

图4-32 所属营运项目施工安全监管

(五)油气管道安全监管

省南粤交通公司各营运路段均线路较长,难以避免与油气管道相互交叉,油气管道具有高压、易燃、易爆等特点,传输介质具有一定危害性,油气管道的安全监管关系到高速公路结构物的运行安全和驾乘人员的通行安全。省南粤交通公司所属各营运项目切实做好各项油气管道安全防控措施,建立高后果区统计台账,定期联合产权单位联合开展现场排查,及时掌握油气管道运行情况,督促产权单位及时更新完善管道防护措施和安全警示标志(图4-33),加大公路沿线村镇宣传力度,提高群众保护管道安全自觉性,确保与路段交叉的油气管道安全运行。图4-34为所属营运项目油气管道巡查现场图。

图4-33 所属营运项目油气管道警示标志

图4-34 所属营运项目油气管道巡查

（六）服务区安全监管

为向过往驾乘人员提供安全舒适的旅途休息环境，省南粤交通公司所属各营运项目认真抓好服务区安全监管工作（图4-35），确保服务区经营单位建立健全安全管理体系，开展标准化安全管理行为。重点确保安保人员指挥到位，引导车辆分类停放，危化品运输车停车位选址合理、安全并专区停放，停放时设置专人指引并做好危化品车辆信息登记，实现服务区安全工作的规范化、制度化、常态化。同时，加强日常巡查和监管力度，涵盖消防安全、食品安全、综治安全，及时发现隐患，督促各经营单位及时落实整改，保持服务区的良好秩序。

图4-35 所属各营运项目路政人员服务区安全监管

三、营运管理多措并举

（一）实行"1357"隐患排查法，助力安全消患攻坚

江肇、韶赣等多个项目开展"1357"隐患排查法，全面落实主体安全责任，形成较为完整的隐患治理链条，构建了安全管理的长效机制和立体的平安网络体系。

"1357"隐患排查法，即"1"是每月召开一次安全会，开展一次安全综合检查。"3"是分为路面桥梁结构物、收费站现场、隧道机电等3个小组，并由领导班子每月分别带队交叉检查。"5"是查、看、听、问、巡5种方法进行安全检查。"7"是生活区、路面与桥梁结构、桥下空间、隧道、收费现场、养护施工作业、服务区七大安全大板块。图4-36为所属各营运项目"1357"隐患排查法开展现场图。

（二）推进"平安班组"建设，助推安全管理提升

省南粤交通公司各营运项目全面开展"平安班组"建设活动（图4-37），其中驾驶员

"平安班组"创建为学习型、安全型、和谐型和节约型"四型"驾驶员班组,扎实开展驾驶员"平安班组"建设。

图4-36　所属各营运项目实行"1357"隐患排查法

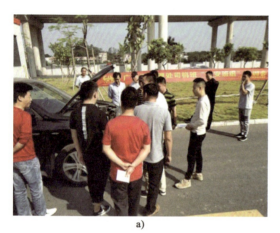
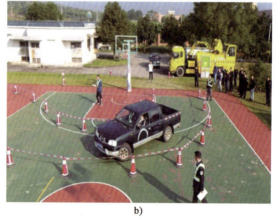

图4-37　所属各营运项目开展"平安班组"建设活动

(三)高分大数据融合智慧处理平台,助力平安营运

广中江、阳化等多个项目均在建设期定制出一站式高分大数据融合智慧监控综合管理平台。图形化界面由8个4K输出通道显卡72块拼接屏展示,确保了GIS(地理信息系统)地图高分辨上墙显示(图4-38、图4-39)。其次"掌路"业务综合管理系统为智慧平台提供了PC三屏客户端、PC视频轮询客户端、大屏上墙展示端、手机智能客户端(掌路App)等多个跨平台客户端,为各类传感器、视频信号、"两客一危"数据、收费数据等多源异构运营数据建立统一接口实现数据共享。智慧平台应用于应急调度指挥(图4-40),例如极端恶劣天气、重大节假日等情况,项目管理层与高速公路交警、属地相关部门联合在监控中心进行调度指挥。

 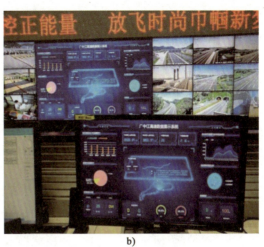

a) b)

图 4-38 广中江项目高分可视化系统

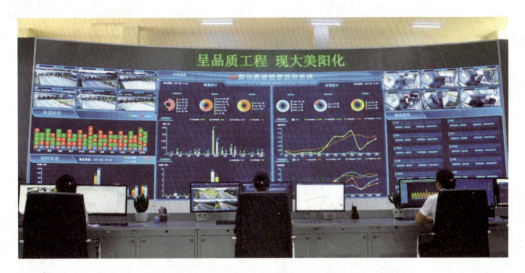

图 4-39 云湛项目阳化段高分可视化系统

图 4-40 广中江项目监控应急调度指挥

（四）依托七进宣传，送法送安全

为深入推动企业严格落实安全管理责任，进一步提升项目的整体安全管理水平，省南粤交通公司各营运项目积极开展七进安全生产宣传活动。营运项目的安委办、路政、红棉志愿者驻点辖区收费站、服务区，积极联系沿线的乡村、学校、企业等，对沿线有条不紊地开展形式多样、丰富多彩的高速公路安全普法宣传，并针对不同对象，开展针对性的安全普法宣传（图4-41、图4-42）。

a) b)

图4-41 所属各营运项目进服务区、校园开展安全普法宣传

a) b)

图4-42 所属各营运项目进车站、村镇开展安全普法宣传

（五）安全教育，我们一直在路上

1. VR红棉体验馆

云湛项目化湛段积极探索新的安全教育培训方式，创建VR红棉体验馆，充分利用

VR设备融合安全、业务一体进行员工的培训教育(图4-43)。安全、营运、路政、养护业务部门,分别对一线岗位进行安全风险分析,现场模拟了多个风险源及处置的场景,编写成VR全景安全影片。VR影片运用到岗前安全教育及经常性安全教育中,让员工身临其境地体验岗位工作存在的风险情景,让其熟悉安全操作规程,掌握岗位风险的处置措施。

a)

b)

图4-43　云湛项目化湛段利用VR红棉体验馆开展安全教育

2. 大篷车安全技能体验,提升全员安全意识

广中江项目与中山市"595"安全文化传媒合作,将大篷车移动安全体验平台运用到项目安全教育中。大篷车安全体验内容包括:醉驾模拟、防触电体验、防地震自救要领、安全绳结系法(图4-44)、心肺复苏技术要领(图4-45)、高仿真火场烟道逃生体验(图4-46)、各种常用的消防器材操作、常见的外伤包扎等体验项目。在体验活动现场,专业救援人员用简单通俗的方式进行演示与讲解,并与领导、员工展开互动,大家较轻松地掌握了安全技能和风险防范能力。

图4-44　广中江项目员工学习安全绳结系法和解法

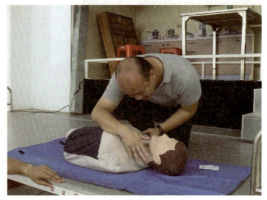

图4-45　广中江项目员工学习应急技能

a)

b)

图4-46　广中江项目安全大篷车火灾逃生体验

3. 防患于未然,安全运动会让员工感受安全

广中江、江肇等多个项目积极探索员工安全培训教育方式,开展了活泼、热烈、精彩、寓教于乐的群体性安全教育运动盛会(图4-47)。运动会充分展示了项目对员工生命的关爱和安全的关注,体现了员工团结拼搏、奋发向上的精神风貌。

运动会设赛跑灭火、三人接消防水带、模拟心肺复苏急救、模拟火灾疏散、应急救护包扎、答题接力跑步等项目。

a)

b)

图4-47　江肇项目安全运动会

4. 利用网络科技成果,提升安全教育水平

广中江、揭惠等多个营运项目,广泛开展各式各样的安全知识竞赛,充分运用凡科、磨题帮等软件编辑各类安全试题,再通过手机微信平台对广大员工进行共享。试题库可在设定时间内通过手机微信端随机推送出设定数量的试题,每位参赛人员通过各自的考试界面在线作答。在规定的时间内完成后,直接显示成绩及速度,后台终端数据库实时记

录、统计、实时反馈。图 4-48 为广中江项目网络安全知识竞赛答题现场及微信成绩界面。

a)   b)

图 4-48   广中江项目网络安全知识竞赛

5. 拓宽思路强化安全教育，安全 30 分频道

广中江项目通过与中国电信合作，按需编制安全素材，通过网络电视平台安全 30 分频道进行电视网络插播，将安全知识、应急技能用图片或视频的方式播放出来，图文并茂，生动直观（图 4-49）。这个应用可以自由选择观看时间、安全知识类型、喜欢或需要学习的节目，功能使用费用也较低。

a)   b)

图 4-49   广中江项目安全 30 分频道

第三节 联勤联动共建平安公路

省南粤交通公司所属各营运项目以"走平安路,过放心桥,打造畅安舒美南粤路"为建设目标,积极组织发动属地政府职能部门及专业拯救等单位参与到"平安公路"建设中来,建立联勤联动机制,明确各部门、单位职责分工,在违法违建打击、突发事件应急联动、重大节假日保安全保畅通等方面实现信息共享、勤务联合、高效处置、管理合力,形成了共建、共享"平安公路"的互动格局。

一、形成长效机制,齐创"平安公路"

由于高速公路行车环境的特殊性,相比普通公路而言,一旦发生突发安全事故,其造成的社会影响面广,施救难度大并易引发次生连锁事故,危害性较大,仅靠高速公路营运项目已不能及时有效地处置突发安全生产事件。为创建"平安公路",营造良好的安全行车环境,省南粤交通公司所属各营运项目积极发动属地政府、应急管理局、公安交警、消防、医疗救护及专业拯救等单位参与到"平路公路"建设中来,定期召开"平安公路"共建联勤联动工作会议,建立沟通联系工作机制、应急联动处置机制,形成联勤联动长效机制。

(一)建立组织机构,明确各方职责

省南粤交通公司所属各营运项目积极发动沿线各级政府、应急管理、公安交警、消防、拯救、医疗、环保等多家单位参与到"平路公路"建设中,定期召开"平安公路"共建联勤联动工作会议(图4-50、图4-51),以正式文件或会议纪要形式明确各方职责(图4-52)。

图4-50 韶赣项目联勤联动工作会议

图4-51 广中江项目联勤联动工作会议

第四章 营运期安全保障

图 4-52 韶赣项目联勤联动会议明确责任,印发会议纪要

（二）建微信工作群，及时响应调度

省南粤交通公司所属各营运项目建立"平安公路联勤联动工作""一般事故发送组"等微信工作群(图 4-53)，各共建单位安排专人负责联系，并及时进行人员信息更新。在高速公路发生突发事故时,各共建单位通过上传的图片或信息能够及时了解掌握事故信息,第一时间做出反应和调度指挥,实现信息互通、资源共享、勤务联合、高效处置。

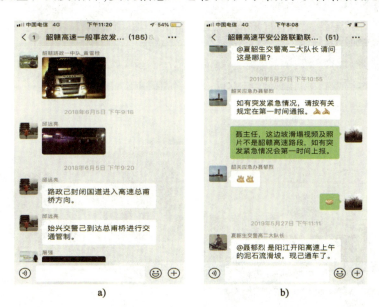

图 4-53 韶赣项目联勤联动微信群

二、开展应急演练，增强处置合力

为提高所属各营运高速公路突发事件应急救援处置能力,检验各营运单位与地方政

府相关部门、单位在处置突发事件的联勤联动、协调配合能力,省南粤交通公司所属各营运项目每年会联合地方政府、应急管理、消防、交警等单位开展突发事件综合应急演练或专项应急演练,并定期开展涉路违法专项整治行动。

(一)组织应急演练,提升处置能力

为提高应对隧道火灾、危化品车辆火灾事故等突发事件的应急处置能力,加强与消防、交警等部门的协调配合,确保在突发事件发生时能按突发事件应急处置预案迅速、高效、有序地进行应急救援和处置,切实保护人员的生命安全,维护社会稳定和正常生产经营秩序,最大限度地减少人员伤亡和财产损失,将突发事件的负面影响减小到最低限度,保障高速公路的安全畅通。省南粤交通公司所属各营运项目定期联合属地政府、公安消防、交警、医疗救护、拯救等单位开展隧道火灾事故、收费站突发事件、危化品泄漏事故等综合或专项应急演练(图4-54)。

图4-54 所属各营运项目开展应急演练

(二)开展专项行动,维护正常秩序

为做好高速公路重点路段、重点时段特别是重大节假日保安全保畅通工作,及时打击

涉路违法行为,省南粤交通公司所属各营运项目定期联合属地高速公路交警、地方公安、交通执法等部门开展安全执法检查和"平安公路"专项整治行动,建立了顺畅的沟通渠道和应急联动机制,有效提升了各方协同作战应对突发事件的处置能力,维护了高速公路安全畅通的营运秩序。各营运项目联合各部门开展的专项整治行动如图4-55～图4-58所示。

图4-55 联合执法局开展桥下空间专项整治

图4-56 联合交警、执法局开展入口劝返

图4-57 联合交警、特警开展治理超限车冲卡

图4-58 联合交警、执法局治理侵占路产路权

三、处置突发事件,预防次生事故

为避免或降低高速公路突发事故对人民群众生命财产安全带来的损害,省南粤交通公司所属各营运项目建立了快速有效的应急处置机制,成功处置了多起危化品运输车辆泄漏、起火燃烧事件和车辆伤害交通事故。

案例一:韶赣项目2016年"6·6"梅关隧道硫酸泄漏事件(图4-59)

事故概况:2016年6月6日6时02分,韶赣高速公路东行K125慢车道处(梅关隧道内)一辆装载 30t 纯度为 98% 的浓硫酸罐装运输车被轿车追尾。运输车罐体受损发生泄漏,现场弥漫刺激性气味气体,对过往驾乘人员人身安全及周边水土环境带来严重威胁,且轿车驾驶员受伤,情况十分危急。

处置措施:管理中心通过隧道监控发现及路政、交警现场核实后,立即启动综合应急预案Ⅰ级响应,与粤、赣两地消防、安监、环保、交警、医疗等部门通力协作处置。一是组织抢救受伤驾驶员,进行包扎、止血等紧急处置;二是将事故信息报送上级单位;三是配合交警做好现场交通管制,并在临近收费站做好车辆分流,封闭临近收费站入口;四是在粤、赣两地消防、安监、环保人员的指挥下用熟石灰对隧道内及隧道外的泄漏硫酸进行中和反应处置。

处置成效:在各单位的密切配合下,硫酸泄漏事故得到了快速有效处置,伤者被及时救治,事故车辆及浓硫酸被安全转运,隧道很快恢复通行,避免了因危化品泄漏导致人员伤亡和环境污染等二次事故。

a)   b)

图 4-59　韶赣项目 2016 年"6·6"梅关隧道硫酸泄漏事件

案例二:韶赣项目 2017 年"12·14"油罐车着火事故(图 4-60)

事故概况:2017 年 12 月 14 日 15 时 40 分,韶赣高速公路东行方向 K110+200 处一辆装载 31t 汽油的油罐车被小车追尾碰撞。油罐车冲出护栏后侧翻导致汽油泄漏并着火,严重威胁过往驾乘人员人身安全和周边环境,情况万分危急。

处置措施:管理中心立即启动综合应急预案Ⅰ级响应,与地方交警、安监、消防、环保等部门联合制订事故处置方案。一是将事故信息报送上级单位;二是配合交警做好现场交通管制,在临近收费站做好车辆分流;三是在沿线情报板发布交通管制信息,向相邻路段、国省道通报信息;四是联动专业运输企业调派车辆对油罐车余油进行转运;五是调派专业拯救车辆将事故车辆拖离现场。

处置成效:在各单位的密切配合下,事故车辆及车载汽油被妥善处置,避免了因漏油、着火导致人员伤亡和环境污染的次生事故,得到了属地政府及企业的高度评价。

图 4-60　韶赣项目 2017 年"12·14"油罐车着火事故

案例三：韶赣项目 2018 年"2·28"交通事故（图 4-61）

事故概况：2018 年 2 月 28 日，一辆小车在韶赣高速公路东行 K88+900 处因驾驶员操作失误，导致车辆失控撞上路侧边坡，造成驾驶员当场死亡，另有 4 人不同程度受伤。

处置措施：管理中心接到路政及交警报告后，立即启动交通事故专项Ⅰ级应急响应，通过"韶赣高速平安公路联勤联动微信工作群"将情况报告属地应急办及消防、医疗救护等相关单位，属地应急办接报后立即调派救护直升机进行紧急救援，将 4 名伤者从南雄接到粤北人民医院抢救。

处置成效：因救治及时，4 名伤者成功脱险。该事件是广东地区直升机应急救援高速公路交通事故伤者的第一例。

图 4-61　韶赣项目 2018 年"2·28"交通事故

案例四：韶赣项目 2018 年"6·5"运输保险粉车辆自燃事故（图 4-62）

事故概况：2018年6月5日20时33分，一辆违规装载32t连二亚硫酸钠（俗称保险粉）的普通货车在韶赣高速公路总甫站至国道连接线处因雨水淋到货物发生自燃，现场散发刺激性气味气体，严重威胁过往驾乘人员和周边村民人身安全，情况危急。

处置措施：管理中心立即启动综合应急预案Ⅰ级响应，与属地政府、交警、安监、消防、环保、救护等部门共同制订事故处置方案。一是将事故信息报送上级单位；二是及时疏散临近收费站场工作人员及周围村民群众；三是配合交警做好现场交通管制，在临近收费站及相邻国省道做好车辆分流；四是在沿线情报板发布交通管制信息，向相邻路段、国省道通报信息；五是联动专业单位协助救援处置；六是调派专业拯救车辆将事故车辆拖离现场。

处置成效：经管理中心与属地各级政府部门通力协作，事故得以妥善处置，避免了因保险粉着火导致人员伤亡、中毒等次生事故，得到了属地政府及周边民众的高度评价。

a) b)

图4-62 韶赣项目2018年"6·5"运输保险粉车辆自燃事故

案例五：云湛项目阳化段"5·22"油罐车轮胎着火事故（图4-63）

事故概况：2019年5月22日12时54分，一辆装载31t重油的油罐车在阳化高速公路往广州方向K758+100处轮胎着火，浓烟四起，随时可能造成危化品泄漏爆炸并导致次生事故发生，场面异常惊险，情况万分危急。

处置措施：阳化管理处第一时间启动综合应急预案Ⅰ级响应，通知消防、交警部门赶赴现场，上报属地应急管理局、环保局等相关部门，指令路政现场双向全封闭车道、疏导车流，并在情报板发布信息。在现场交警、路政人员查明运载货物为重油后，消防部门立即展开灭火处理。仅用8分钟就将明火成功扑灭，经过近9小时奋战，装载的31t重油被安全转运，事故油罐车被拖离现场，交通恢复正常。

处置成效：由于阳化高速公路管理处对事件发现处置及时，多部门联合救援得当，除事故车辆轮胎烧毁及部分路面沥青受损外,并未损伤车辆罐体,没有造成人员伤亡,没有发生危化品泄漏以及次生事故。

a)

b)

图 4-63　云湛项目阳化段"5·22"油罐车轮胎着火事故

第五章

结语

一、阶段性成果

省南粤交通公司自成立以来,以安全生产标准化建设为抓手,树立安全生产标杆,全面创建"平安工地"示范典型项目、"平安公路"示范项目、"平安工程"冠名项目。省南粤交通公司目标明确,考核严格,分阶段有针对性地开展工作,确保创建有计划,工作有要求,成效有考核。经省南粤交通公司与项目共同努力,潮漳项目、珠海连接线项目在"平安工地"示范项目的基础上,认真总结先进安全管理经验及项目施工安全风险管控特色,进一步推广安全生产标杆,项目先进安全管理经验得到评审专家认可,荣获交通运输部、应急管理部(原国家安监总局)"平安工程"冠名(图5-1)。云湛高速公路新阳项目、阳化项目、化湛项目,龙怀高速公路龙连项目、连英项目、英怀项目,仁博高速公路仁新项目、新博项目、河惠莞项目、怀阳项目、潮漳项目、珠海连接线项目、广中江项目、揭惠项目、清云项目共15个项目先后获得广东省交通运输厅"平安工地"示范项目称号,江肇项目、韶赣项目获广东省交通运输厅"平安公路"示范典型项目称号。

a)   b)

图5-1 潮漳项目、珠海连接线项目获交通运输部、应急管理部"平安工程"冠名

二、未来展望

高速公路的快速发展,给其安全管理赋予了更新的内容,提出了更高的要求。为完成道路安全通畅运输、促进国民经济发展的任务,不仅需要高速公路安全管理者们的努力,更需要广大高速公路事业从业者的共同参与和积极配合。我们须坚持以习近平新时代中国特色社会主义思想为指导,深入系统地研究安全管理新理念、新思路、新措施,着眼于安全长效管理机制,以高度的责任感,控制和预防高速公路营运、施工安全事故发生,确保道路畅通,避免或减少安全事故的发生,为推动现代化交通运输事业的发展及构建和谐社会贡献一份力量,省南粤交通公司将坚持以下宗旨持续做好安全生产工作,为南粤品质护航。

（一）以人为本，服务民生

更加注重以人为本、生命至上，以有效防范和坚决遏制较大以上安全事故发生为重点，按照"平时生产、急时应急、战时应战"的原则，坚持安全生产与应急救援工作相结合，建立与所属单位所在地相关部门、专业力量和社会力量的应急联动机制，推动公司安全生产治理能力和应急处置能力稳步提升。

（二）统筹规划，突出重点

依照相关法律法规，统筹规划公司安全生产工作，并与国家及广东省相关发展规划相衔接。规划以促进本质安全、提升应急救援能力和效率为主线，统筹部署全公司安全生产工作，对公司安全生产与应急资源进行总体布局；以加强薄弱环节建设为重点，合理安排主要任务和重点项目，分阶段、按计划统筹推进，逐步建立起与公司发展相适应的安全生产管理体系。

（三）落实责任，强化管理

更加注重落实参建各方的主体责任，特别是建设单位的管理责任，以提高安全管理工作执行力为突破口，通过构建完善责任网络、健全工作机制、夯实工作基础、强化设施装备建设，确保工作水平和保障实力同步提升；加强公司安全生产和应急管理体系建设，加强源头管理和动态管理，建立统一指挥、分工明确、反应灵敏、监管有力、协调有序、运转高效的安全生产和应急工作机制。

（四）依靠科技，创新驱动

采用先进技术完善安全监管、应急抢险、运输保障、培训演练体系；更加注重管理方式、管理方法创新，促进经验型管理模式向预防、控制、处置和恢复重建一体的全方位、全过程、体系化管理模式转变，进一步提高公司安全生产和应急管理工作效能和水平。

（五）把握现在，着眼未来

我们的高速公路是由一颗一颗碎石铺筑的，我们的安全之路是一步一步走出来的。千里之行，始于足下，既有每天的努力和奋斗，也有对未来的规划和设想，坚持大局观，积极总结经验，不断增强企业主体责任。百尺竿头，更进一步，用心、细心、精心。省南粤交通公司在广东省交通运输厅、广东省交通集团有限公司的大力支持及指导下，在全体员工的共同努力下，必将把安全管理工作推向新的高度，为广东省的交通运输事业再立新功。